세상이 말하는 정답보다
내 심장이 옳았다

세상이 말하는 **정답보다**
내 심장이 **옳았다**

계급장이 아닌 꿈을 선택한 전직 경찰의 고백록

초 판 1쇄 2025년 05월 13일

지은이 황정용
펴낸이 류종렬

펴낸곳 미다스북스
본부장 임종익
편집장 이다경, 김가영
디자인 임인영, 윤가희
책임진행 이예나, 김요섭, 안채원, 김은진, 장민주

등록 2001년 3월 21일 제2001-000040호
주소 서울시 마포구 양화로 133 서교타워 711호
전화 02) 322-7802~3
팩스 02) 6007-1845
블로그 http://blog.naver.com/midasbooks
전자주소 midasbooks@hanmail.net
페이스북 https://www.facebook.com/midasbooks425
인스타그램 https://www.instagram.com/midasbooks

ISBN 979-11-7355-229-8 03190

값 18,000원

미다스북스는 다음세대에게 필요한 지혜와 교양을 생각합니다.

계급장이 아닌 꿈을 선택한 전직 경찰의 고백록

세상이 말하는
정답보다
내 심장이
옳았다

황정용 지음

미다스북스

IV

오아시스는 계급이 아닌 다른 곳에

V

길이 분명해진 순간, 망설임은 없었다

경로 이탈? 경로 변경!

"저희 TEDx○○대학교는 20년 동안의 제복인 생활 이후, 학문의 길로 새로운 여정을 시작하신 교수님의 삶이 이번 강연의 주제인 '커튼콜(Curtain Call)'과 맞닿아 있다고 느꼈습니다. 몇 년간 공부해 왔던 학과를 바꾸고, 오랫동안 꿈꿔 왔던 진로를 바꾸게 되었을 때처럼 새로운 인생의 막을 받아들이기란 너무나 어려운 일입니다."

"이러한 고민에 있는 ○○대학교 학생들에게 경찰직을 내려놓으셨을 때의 느낌과 교수로서 인생의 제2막을 살아가는 삶이 어떠한지에 대해 학생들에게 소개해 주신다면, 저희의 인생에 있어 소중한 교훈을 얻을 수 있으리라는 확신이 들었습니다."

2024년의 어느 날 제게 온 메일을 열어 보니 이런 글이 쓰여 있었습니다. 메일을 보낸 건 서울의 모 대학교 학생이었습니다. 그 학교는 우리나라 사람이라면 이름을 모를 수 없는 명문 사학입니다. '그들조차 진로를 고민하는구나.' 이 글을 읽자마자 든 생각은 단 하나였습니다. '무조건 해야겠다.'

'TEDx'는 세계 비영리 지식공유플랫폼 TED가 각 지역공동체에 부여한 라이선스로, 연사의 강연 시간은 TED와 같이 18분이었습니다. 핵심 청중은 처음 정한 진로의 변경을 고민하는 대학생이었습니다. 진로는 수없이 고민했지만 이런 섭외에는 더 고민할 필요가 없었습니다. 수락 메일을 보냈습니다.

집에 돌아간 저는 아내에게 이 일을 말했습니다. "오~ 재미있겠는데!" 아내는 호기심이 많고 새로운 것을 즐기는 사람입니다. "그런데 서울은 어떻게 갈 거야? 교통비 좀 들겠네." 우리 집은 부산입니다. 제가 부산의 한 대학교 교수로 이직하면서 가족이 모두 이사했습니다. 갑자기 아침에 봤던 메일 말미의 글귀가 떠올랐습니다. "TED의 규정상, TEDx 강연료를 별도로 지급해 드리는 것이 어렵습니다."

"뭐 어때? 당신 하고 싶은 이야기도 하고 좋은 기회인데." 역시 아내는 가치 있는 일이라고 생각하면 돈으로 판단하는 사람이 아니었습니다. 그런데 아내가 한 마디 덧붙였습니다.

"나도 보러 가면 안 돼?"

순간 앞이 캄캄해졌습니다. 부끄러움이었는지, 창피함이었는지, 여하튼 자신감은 아니었습니다. "나 혼자 다녀올게."로 사실상 거부의 뜻을 밝혔습니다. 처음 보는 대학생 앞에서 말하라 했을 때는 아무 거리낌 없었으면서…. 부부 자체가 정말 특수한 관계이지만 이럴 땐 더욱 그렇습니다.

강연 당일 제 순서는 네 번째였습니다. 자연히 앞 순번 세명의 연사 강연을 들어야 했습니다. '들어야 했다.'는 처음 생각이었습니다. 들을 수 있어 다행이었습니다. 아니, 제가 감동하고 인사이트를 얻을 수 있어 정말 좋았습니다.

1번 연사, 관악의 성지로 불리는 대학교의 공대를 졸업한 웹툰 작가, 사회 통념상 전공과 직업의 조합이 안 맞는다 생각했습니다. 하지만 본인의 육아 이야기와 아내의 직업 이야기를 웹툰으로 표현하며 행복한 길을 찾았습니다. 정말 유쾌해 보였습니다.

2번 연사, 신촌의 명문 사학 의대를 졸업한 정신건강의학과 의사, 이분은 전공과 직업의 조합이 맞네 싶었습니다. 하지만 유급까지 당한 이력에서 모범생은 아니었음을 알 수 있었습니다. 이 두 명은 우리 이웃 이야기를 지향하며 만든 방송 프로그램 〈유 퀴즈 온 더 블럭〉의 출연자이기도 했습니다.

3번 연사, 농구선수 출신 예능인, KBL 신인드래프트 1순위에 아시안게임 금메달 획득까지 재능 하나는 부정할 게 없었습니다. 하지만 FA(자유계약) 이후 거짓말처럼 떨어진 폼으로 감당하기 힘든 욕을 먹었던 선수였음도 알았습니다. 그는 지금 농구의 경계 안팎을 넘나들며 본인의 의지대로 살고 있습니다.

'겉으로 보이는 간판이 보여 주는 건 정말 겉차림뿐이구나.'
'본인만이 느끼는 성취감과 행복감은 밖에서 다른 사람이 판단할 수 없구나.'

이런 깨달음이 물밀듯이 밀려왔습니다. 충만함이 마구 밀려와 버거워질 무렵, 제 차례가 왔습니다. 고민 없이 수락했는데…. 무거웠습니다. 무대에 올라야 할 제 발걸음도, 마음의 부담감도. '이렇게 대단한 연사들 속에서 나는 왜 불린 걸까?', '앞 분들만큼 할 수 있겠나?' 여러 생각이 동시에 저를 압박했습니다.

무대에 오르니 앞선 연사들의 명강연 덕분인지 학생들 눈빛이 여전히 살아 있었습니다. 그 눈빛이 제게 왠지 모를 자신감을 주었습니다. '각자 분야가 다르잖아. 내 분야 이야기는 나만 할 수 있어.' 순간 생각이 들었습니다.

제 이야기를 관통하는 핵심 주제는 '계급으로부터의 탈피'였습니다. 왜곡된 계급 의식, 계급 지향적 삶, 제가 그걸 가지고 살았음을 인정해야 강연할 수 있었습니다. 그에 전적으로 얽매였음을 인정해야 강연할 수 있었습니다. 그래야 서울에 있는 대학생이 부산에 있는 저를 부른 목적에도 부합하는 강연이 될 수 있었습니다.

경찰대학을 졸업하면서 경찰이 되었기에 그때부터 이야기를 풀어야 했습니다. "경찰대 나왔으면 빨리 올라가야지. 경찰서장도 되고 지방경찰청장(광역시나 도의 치안을 책임지는 최고 지휘관, 지금은 시도경찰청장이라 부른다)도 하고 그래야지." 귀에 못이 박힐 정도까지는 아니어도 잊을 수 없을 만큼 자주 들은 말이었습니다.

그 말에 부응하듯 비교적 순탄하게 올라갔습니다. 다행히, 승진 당시엔 다행이라고 생각했습니다. 제가 경찰 생활을 시작한 계급인 경위는 무궁화 1개 계급장을 달게 되며, 다음 계급은 무궁화 2개 경감, 그다음은 무궁화 3개 경정, 그리고 다음이 무궁화 4개 총경입니다. 한 개 시군구의 치안을 책임지는 경찰서장 대다수가 총경입니다.

저는 경정까지 별다른 막힘없이 승진했습니다. 게다가 대학 동기 120명 중 두 번째로 빠른 승진자였습니다. 경정을 달고 처음 발령받은 보직이 경찰서 과장이었습니다. 추후 경찰서장 승진의 뜻을 품고 경찰서 과장에서 지방경찰청 계장으로 옮겼는데, 아내가 이런 말을 해 주었습니다.

"당신 과장 처음 할 때 어깨 힘 엄청나게 들어갔던 거 알아? 걷는 거 뒤에서 보는데 웃기더라. 세상 다 가진 줄." '겸손해라.'라는 일침이었습니다. 저는 경찰 제복을 자랑스러워한 것이 아니었습니다. 제복의 어깨에 달리는 계급장의 무궁화 수를 자랑스러워한 것이었습니다.

국가가 무궁화를 하나 더 달아 준다는 것은 더 많은 권한으로 더 큰 책임을 지고, 국민의 안전을 지키라는 뜻입니다. 하지만 저는 계급을 존재 가치가 아닌 소유물로 여겼습니다.

그런 제게 계급은 동력을 잃은 허상으로 변했고, 결국 내려놓았습니다. 퇴직 의사를 명확히 밝힌 순간 일부 어르신들은 이렇게 보셨습니다. '길에서 이탈하는구나.' 그건 길이 하나일 때의 이야기입니다. 저는 길이 하나인 줄 알았습니다. 벗어나면 실패라고 생각했습니다. 하지만 아니었음을 깨닫게 해 준 그때의 경험과 고민에 감사합니다. 내려놓기는 채워넣기의 시작이었습니다. 계급이란 허상을 내려놓은 대신 새로운 길을 갈 힘을 채워 넣었습니다.

새로운 길에 오르기를 성공한 사람들은 하나같이 행운이 따랐다고 말하지만, 그 행운 역시 철저한 준비 속에서 찾아온 기회를 놓치지 않은 결과입니다. 고대 로마의 철학자 루키우스 안나이우스 세네카(Lucius Annaeus Seneca)는 다음과 같은 말을 했다고 전해집니다.

"Luck is what happens when preparation meets opportunity."
행운이란 준비와 기회가 만났을 때 생긴다.

제 강연은 이런 내용이 기본 바탕이었습니다. 앞으로 담을 이 책의 내용은 사실상 당시 강연의 상세 확장판입니다. 18분 강연에 어찌 모든 내용을 다 담을 수 있었겠습니까? 여기 모두 풀어낼 것입니다.

끝으로, 이 책의 출간은 소중한 사람들의 도움이 있어 가능했습니다. 서로에게 힘이 되며 함께 새로운 길을 개척하고 있는 아내와 제 삶의 동력이 되는 세 아이에게 고마움을 전합니다. 특히 저보다 어리지만, 항상 어른스럽게 제 길을 응원해 주었던 여동생, 그리고 세 아이가 어릴 때, 본인의 삶을 희생하며 저와 아내가 직장 일에 매진할 수 있도록 도와주신 장모님께 존경의 마음을 전합니다. 마지막으로 이 책이 출간되도록 힘써 주신 미다스북스 임종익 본부장님, 이다경 편집장님과 출판사 가족 여러분에게 깊은 감사를 드립니다.

2025년 5월
황 정 용

I

간부 계급부터 시작,
어쩌면 불행이었을까?

소년등과일불행 少年登科一不幸
젊은 나이에 과거에 급제한 것은 첫 번째 불행이다.

중국 송나라 학자 정이(程頤), 『소학(小學)』 중

네가 간부면 다야?
젊은 놈이…

직장에서 처음으로 승진을 했다. 무궁화 하나, 경위라는 계급은 경찰대학을 별 탈 없이 졸업한 대가로 주어졌다. 따라서 경찰 조직에서 정당한 절차를 거쳐 승진한 최초 계급은 경감이었다. 당시 나이는 만 30세. 앞으로도 모든 나이는 만 나이로 이야기할 예정이다.

일단 계급에 대한 설명이 조금 필요할 것 같다. 경찰은 열한 개의 계급이 있다. 제일 아래부터 순경(계급장으로 꽃봉오리 두 개) — 경장(꽃봉오리 세 개) — 경사(꽃봉오리 네 개) — 경위(무궁화 한 개) — 경감(무궁화 두 개, 경찰서 계장 직위) — 경정(무궁화 세 개, 경찰서 과장 직위) — 총경(무궁화 네 개, 경찰서장 직위) — 경무관(태극무궁화 한 개, 시도경찰청 부장 직위) — 치안감(태극무궁화 두 개, 시도경찰청장 직위) — 치안정감(태극무궁화 세 개, 주요 시도경찰청장 직위) — 치안총감(태극무궁화 네 개, 경찰청장)

으로 이루어져 있다. 아래는 경찰청 홈페이지에 있는 계급장 이미지이다.

계급별	순경	경장	경사
형태			

계급별	경위	경감	경정	총경
형태				

계급별	경무관	치안감	치안정감	치안총감
형태				

경찰 계급장

경감은 경찰서에서 계장 또는 팀장에 해당하는 계급이다. 실무자가 아닌, 이른바 '중간 관리자'라고 불리는 보직을 맡는다. 그렇다면 계원이나 팀원은 몇 살쯤일까? 대부분 30세는 넘었을 것으로 보면 된다. 우리나라에서 경찰이 되는 가장 일반적인 길은 순경 공개경쟁채용이다. 순경 계급장은 꽃봉오리 2개인데, 1개부터 시작되지 않는 이유는 과거 전·의경이 꽃봉오리 1개를 달았기 때문이다. 지금은 전·의경 제도가 사라졌다.

이제 계원 또는 팀원의 계급을 유추해 볼 수 있다. 꽃봉오리 2개가 순경, 3개가 경장, 4개가 경사, 그리고 무궁화 1개가 경위다. 이들이 경감 즉, 계장이나 팀장이 되기 전 거치는 계급이다. 많은 경찰 희망생들이 20대 중후반에 순경이 된다. 경장이면 30세 전후, 경사와 경위는 일반적으로 그 이상이다.

그들의 입장에서 생각해 보았다. 새로운 계장이 인사발령을 받아 부서로 왔다. 문을 들어서는 순간, 아무리 봐도 나보다 어리다. 예상할 수 있는 반응은 두 가지였다.

첫째, '그래도 계장이고 계급을 정당한 절차로 달았으니 함께 잘 지내봐야겠다.'

둘째, '경찰 경력이 나보다 짧을 텐데 얼마나 잘하는지 두고 보자.'

사람의 감정이 단순하지 않듯, 한 명의 계원이 이 두 가지 반응 중 하나만 전형적으로 보이지는 않았다. 다행히 내가 처음 계장으로 부임했을 때는 첫 번째 반응이 주를 이루었던 기억이 난다.

그런데 예상하지 못했던 또 다른 반응이 있었다. 같은 부서원 사이에서는 나타나지 않지만, 다른 부서원을 만날 때 가끔 마주했다. 바로 '젊은 녀석이 계급 내세우기 전에 나이로 눌러야겠다.'라는 반응이었다. 이런 사람이 사실 얼마나 있겠는가? 다만 전혀 없지는 않았고 나 역시 그런 사람을 피하지 못했다.

경감이 된 지 한 달쯤 지난 뒤였다. 전해에 경위로 지구대 순찰팀장을 할 당시 함께 근무했던 부팀장이 나를 불렀다. 팀 회식이라 해서 아무런 경계심 없이 참석했다. 내 후임 팀장도 있었기에 지금이라면 쉽게 참석하지 않았을 것이다. 그날 후임 팀장과 무슨 문제가 있었을까? 아니다. 그분은 순경부터 시작해 50세 가까운 나이였지만 나를 충분히 존중해 주었다. 문제는 전혀 다른 곳에서 터졌다.

그해 정기 인사로 새로 구성된 팀이었기에, 그 자리에 내가 함께 근무했던 직원들만 있던 것은 아니었다. 술자리가 무르익어 갈 즈음, 건너편 식탁에서 40대 초반으로 보이는 한 경찰이 갑자기 내게 소리를 질렀다.

"네가 경감이면 다야? 젊은 놈이 먼저 술도 따르고 할 것이지. 왜 이리 건방져?"

순간 당황했다. '이제 처음 봤는데 당신한테 술을 따라야 해? 같이 근무한 직원들과도 아직 술잔을 다 나누지 않았는데?' 먼저 든 생각이었다. 동시에 '이 상황을 어찌 풀어야 하나?' 고민했다. 순식간에 분위기가 얼어붙었다. 십여 명의 경찰이 나와 그 사람을 번갈아 바라봤다. 누군가 나서서 정리해 주지 않을까 짧은 순간 기대했지만, 아무도 나서지 않았다.

소리친 경찰에 대한 정보가 전혀 없었기에 섣불리 대항할 수도 없었다. 솔직히 대항하면 그가 주먹질하지 않을까 두려웠다. 그렇게 되면 '30세 경감과 40대 중반의 순찰팀원이 술자리에서 싸웠다.'라는 소문이 퍼질 가능성은 100%였다.

다행히 부팀장으로 함께 근무했던 50대 경위가 보다 못해 개입했다. 그는 나를 팀 회식에 초대한 경찰이기도 했다. "왜 이래? 좋은 날 좋은 거 먹고는…." 그렇게 분위기는 유야무야 정리되었다. 그 경찰은 여전히 기분이 풀리지 않은 듯했고, 나는 그 모습을 보고 더 자리를 뜨기 싫어 버티고 있었다. 그때 상황을 정리했던 부팀장이 내게 조용히 신호를 보냈다. '그만 자리에서 일어나라.'라는 뜻이었다. 사실 그게 맞았다. 지금 이 팀 소속도 아닌데 이런 분위기에서 내가 계속 남아 있는 것은 오히려 눈치 없는 행동이었다.

집으로 돌아가는 내내 여러 생각이 머릿속을 떠나지 않았다. '왜 그 자리에서 아무 말도 못 했을까?' 스스로가 바보처럼 느껴졌다. 지금이라면 이렇게 말했을 것이다.

"제가 먼저 따라드릴게요. 다만, 존중받는 분위기에서요."

지금의 나는 앞으로의 승진 같은 것에 별 관심이 없으므로 받아쳤을 것이다. 아무리 생각해도 그의 발언은 주취 상태를 빌려 내뱉은, '젊은 간부에 대한 합당한 이유 없는 경멸'이었다. 그리고 그는 나이 많은 팀원들 앞에서 '나는 이렇게 상급자에게 대항할 호기(?) 있는 사람이다.'라고 보여 주고 싶었던 것 같다.

지금의 나는 '합당한 이유'를 중요하게 생각한다. 부당한 상황에서 침묵하려면, '참아야만 얻을 수 있는 더 큰 가치'가 있어야만 한다. 그럼 그때 내가 참았던 이유는 무엇이었을까? 결국 '승진'이었다. 가치라 말하기도 어려운 승진이 당시 내게는 무거운 삶의 가치였다. 경감을 단 해 무슨 승진을 하겠는가? 그런데도 내 생각은 이랬다.

'언젠가는 경정을 달아야 하고, 그러려면 경찰관들의 평가, 소위 평판을 신경 써야 한다. 만약 오늘 이 술자리에서 계급

은 낮지만, 나이는 많은 경찰과 기 싸움을 한다면, 반드시 내게 불리하게 작용할 것이다.'

지금도 내 나름의 판단이 틀렸다고는 생각하지 않는다. 다만, 그 판단 때문에 아무런 대응도 하지 못했다. 하지만 지금은 아니다. 합당한 비판이면 인정한다. 부당한 비판이면 왜 그러는지부터 묻고 생각의 접점을 찾을 것이다. 그 때문에 내 평판이 나빠질 수 있다. 그건 나중에 풀 문제다.

다음 날 아침, 함께 근무했던 팀원 중 한 명이 전화를 걸어왔다. 괜찮냐고 묻더니, 어제 내게 소리친 그 사람에 대해 이야기해 주었다.

"그분, 주사(酒邪)가 심해 술만 마시면 다들 피하려고 해요."

그제야 왜 아무도 나서지 않았는지 이해되었다. 이어서 훨씬 중요한 정보를 들었다.

"사실 경사에서 경위로 승진하려고 몇 년간 경찰서에서 노력했는데, 실패해서 지구대로 전출되었거든요."

그제야 그의 언행이 조금 이해되었다. '승진에 대한 갈증이 컸을 테고, 그만큼 상실감도 컸겠구나.' 그에 대한 분노가 애잔함으로 바뀌었다. 그 시절의 나 역시, 승진을 가장 중요한 목표로 여기고 살았으니까.

그런데 이와 비슷한 사례가 처음이 아니었다. 경위로 경찰서에 근무할 때였다. 우리 부서를 관할하는 상급 관서 즉, 지방경찰청의 부서 직원 두 명이 소위 일이 많은 네 개 경찰서 직원들만 불렀다. 이들은 부서만 같은 것이 아니라 세부 업무도 같은 경찰이었기에 인원은 많지 않았다. 당시 모인 경찰은 총 여덟 명 정도였던 것으로 기억한다. 모두 실무자였기에 계급은 경위가 최고였고, 경사와 경장까지 있었다. 저녁을 먹자는 말은 굳이 언급하지 않아도 술자리가 포함된 것으로 보면 된다.

어느 정도 시간이 흐르며 분위기도 한결 부드러워졌다. 그런데 앞선 사례와 비슷하게 돌발 상황이 발생했다. 다른 경찰서의 경장 한 명이 옆 식탁의 나를 보며, 갑자기 불만을 쏟아 냈다.

"젊은 녀석이 먼저 와 술 좀 따라라. 여기서도 경위냐?"

당시 나는 26세였고 그는 30대 후반이었다. 처음 만났을 때 상호 존댓말을 썼는데, 그가 갑자기 말을 놓으며 상황이 전개되었다. 이쯤 되면 독자 여러분도 이런 생각이 들 수 있을 것이다.

"글쓴이가 술 따를 줄 모르는 거 아냐?"

모르진 않는다. 다만 술을 좋아하지 않는다. 술을 잘 못 마셔서 술을 좋아하지 않게 되었다. 대작이 기본이던 그 시절, 내 보잘것없는 주량으로 술자리의 모든 사람에게 돌아다니며 술을 따를 수는 없었다. 다만 같은 식탁에 앉은 사람들과는 항상 술잔을 주고받았다. 그 정도는 버틸 수 있었기 때문이다.

사실 내가 술자리에 되도록 참석했던 중요한 이유가 있었다. 당시 경찰 내에서 돌던 말을 먼저 소개한다. '술을 잘 마셔야 승진해.' 주량이 인사 근무평정 요소일 리 없고, 주량을 기준으로 인사발령을 할 리도 없다. 대한민국 경찰 역사상 그런 인사기준은 당연히 없었다.

그런데도 이런 말이 공공연하게 돌 정도로 술은 중요했다. 아니, 중요하게 여겨졌다. 특히 지휘관 또는 관리자라 불리는 자리에 오르려면 술을 잘 마셔야 한다는 인식이 있었다.

당연히 과학적 근거는 없지만, 경찰 선배들이 그렇게 말하니 어느 정도는 술을 마셔야겠다고 생각했다. 그래서 입에 들어가자마자 쓰게만 느껴진 술을 최소한 같은 식탁 안에서라도 열심히 주고받았다.

다음 날 아침 회식에 참석했던 우리 경찰서 직원으로부터 그에 대해 듣게 되었다. 경찰을 늦게 시작해 나이에 비해 계급이 낮았고, 지구대 근무 당시 민원을 자주 유발해 관리자들이 전출시키고 싶어 했다고 하였다. 다행스럽게도 지금 부서가 적성과 맞아 자신감을 찾은 상태라고 전해 주었다. 그의 이력을 들으니 술자리에서의 행동이 받아들여지지는 않지만, 왜 그랬는지는 다소 이해가 갔다.

이러한 상황들을 반추하니 우리 사회의 고질적인 병폐가 명확히 보인다.

"논리적 근거가 부족한 사람이 감정적 보상을 위해 찾는 마지막 수단은, 대개 나이라는 이름의 권위다."

이쯤은 참아야
승진하는 줄 알았다

무궁화 세 개의 계급장, 경정으로 승진했다. 35세였다. 승진 당시 성적이 우수해 집이 있는 곳의 지방경찰청으로 우선 발령을 받았다. 참고로 경찰청에서 승진자를 각 지방경찰청 T/O(정원, Table of Organization)에 따라 배분하면, 지방경찰청은 이를 다시 경찰서나 직할대로 발령하는 것이 기본 인사구조다.

지방경찰청까지 발령 난 날, 금요일로 기억하는데 경비과로부터 연락이 왔다.

"경찰관 기동대장 1순위입니다. 1기동대장 가실 것 같아요."

경찰관기동대는 100여 명으로 구성된 1개 중대를 말한다. 주로 집회·시위 현장에서 신고를 낸 사람들이 합법적으로 의견을 표현할 수 있도록 지원하는 역할을 한다. 하지만 법의 테두리를 벗어나 도로를 점거하는 식으로 시민들에게 피해를 끼칠 때는 대원들을 이끌고 상황을 정리해야 한다. 임무 특성상 해당 계급으로 막 승진한 사람 중 가장 젊은 사람부터 순번을 매겼다. 내가 1순위라는 것은, 지방경찰청으로 전입한 경정 승진자 중 가장 젊다는 의미였다.

1기동대장 아래에는 세 명의 제대장이 있었는데, 그중 한 명이 대학교 2년 선배였다. 궁금한 점을 미리 물어보기 적합한 사람이었다. 다만 선배여도 계급은 경감(무궁화 두 개)이어서 조심스러웠다.

'선배도 후배가 상사로 온다면 부담스러울 것이다. 최대한 예의를 갖춰 물어보자.'

전화를 걸기 전 이렇게 되새겼다. 선배는 전화 받자마자 말했다.

"우리 대장님으로 온다면서요. 축하합니다."

인사철만 되면 누가 상사로 오는지가 최대 관심사이기에, 이미 경비과를 통해 들었을 법했다. 이리 말해 주니 편했다.

"훈련도 잘되어 있고 최근 별다른 상황도 없으니 적응하는 데 큰 어려움 없을 겁니다."

선배의 말은 내 발걸음을 가볍게 해 주려는 배려였다. 고마웠다. 부대 위치, 평상시 임무, 최근 집회·시위 상황 등을 대략 파악한 뒤, 다음 주 경찰서와 직할대 인사발령이 나면 부대원 앞에서 무슨 인사말을 할지도 머릿속으로 그려 보기 시작했다.

다음 주 화요일 지방경찰청에서 경정 인사발령을 시행했다. 기동대는 지방경찰청 직할대로, 경찰서보다 앞서 인사발령 문서에 기재된다. 첫 장에 내 이름이 있으리라 생각했는데, 없었다. 당황한 채 1기동대장 발령자 명단을 봤더니 다른 사람이었다. '그럼 나는? 경비부서 1순위라며? 인사 오류인가?' 생각하며 페이지를 넘기니 내 이름이 있었다.

'경정 황정용 ○○경찰서 경무과장 근무를 명함'

1기동대장 발령자는 경찰청에서 승진해 전입한 사람이었다. 나보다 나이는 많았지만, 기동대장으로 무리는 없는 나이였다. '왜 그 사람일까?'라는 생각은 잠시, 곧 내가 가야 할 보직으로 관심이 옮겨 갔다. 전혀 생각해 보지 않았던 보직이었다.

경무과는 조직의 총무과에 해당한다. 인사, 교육, 기획, 예산, 장비 관리 등을 담당한다. 그래서 경무과장은 나이 많은 고참급 경정이 맡는 게 관례였다. 경찰서 경찰관들의 인사와 봉급 등을 관리하고, 특히 인사와 관련해 각자의 이해관계를 조정해야 했기 때문이다. 이러한 이유로 경무과장은 경찰관들이 함부로 대하기 어려운 고참급이 임명되었다.

그런데 유독 그해에는 다른 경찰서의 경무과장들도 기존 관례와 다르게 임명되었다. 나처럼 경정을 처음 단 사람도 있었다. 나중에 들으니, 인사전문가로 유명했던 당시 지방경찰청장이 기존 관례를 깨고 새로운 인사지침을 내렸기 때문이라고 했다.

공교롭게도 경감 때 첫 보직이 경찰서 경무계장이었다. 아마 그 전력이 인사에 반영된 듯했다. 이상하게도 승진 때마다 내가 속한 지방경찰청 인사지침은 평소와 결이 달랐고, 그 결과 일반적 인식과는 다른 보직을 받았다. 30세에 경무계장으로 일할 때 좌충우돌했던 기억이 떠올랐다. '35세 경무과장도 좌충우돌의 과정이 필요하겠구나.'라는 나름 불길한 예감이 들었다.

그 예감은 얼마 지나지 않아 현실이 되었다. 다만 일이 서

툴러서가 아니라, 젊은 과장에 대한 한 직원의 의도적인 무시 때문이었다. 경무과는 모든 부서를 모아 회의를 주관하는 일이 잦았다. 보통 실무적 회의는 각 과의 선임 계장을 불러 진행하는데, 그날은 각 과의 선임과 업무 관련 직원 몇 명을 추가로 참석시켰다. 회의 도중 내가 슬라이드를 보며 설명하고 있는데, 갑자기 사복을 입은 한 경찰이 말했다.

"안 들립니다."

내 얼굴을 직접 보진 않았지만, 나만 말하고 있었기에 내게 한 말이었다.

"네? 알겠습니다." 하고 나는 좀 더 크게 말했다. 그런데 다시 그 경찰관이 말했다.

"안 들린다고요."

그러면서 중얼거리듯 덧붙였다.

"뭐라는 거야."

나와 비슷하거나 5년 내외로 연배가 높은 듯 보였다. 나는 마이크를 사용 중이었고, 달리 말하는 사람도 없었다. 정황상 들리지 않을 이유가 없었고, 다른 참석자들은 잘 들리는 눈치였다.

'이건 또 다른 방식의 공격인가?'

순간 이렇게 생각했다. 여러 사람이 있는 자리였고, 나보다 높은 계급의 경찰은 없었다는 점은 앞선 상황들과 같았다. 그의 행동에는 이런 판단이 깔려있었던 것 같다.

'같이 있는 경찰들은, 저 젊은 간부가 아닌 나와 같은 처지다. 그러니 나의 돌발행동을 이해하거나 오히려 지지할 수도 있다.'

경찰 대부분은 그런 식의 돌발행동을 지지하지 않는다. 하지만 돌이켜보면, 나는 경찰 동료들을 믿지 못했다. 경찰 동료들이 승진을 위해 일하고, 승진 T/O를 잠식한 젊은 간부들을 배척한다고 단편적으로 판단했다. 나 역시 승진 T/O를 잠식한 젊은 간부였다. 이러한 불신이 내 대응에 장애가 되었다.

"지금 뭐 하자는 겁니까?"라고 그 자리에서 따져 묻기에는 너무 많은 생각이 들었다. '젊은 과장이 단지 한 직원의 태도를 문제 삼아 회의가 중단되었다.'라는 식으로 정리될 것 같았다. 직원이 정말 안 들렸다고 주장하면 확인할 방법이 없다는 점도 이런 생각을 뒷받침했다. 결국 별다른 대응 없이 설명을 이어 갔다. 그는 더 이상 아무 말도 없이, 나를 외면한 채 정면만 바라보았다.

회의를 마친 직후, 그 경찰관이 누구인지 알아보려 다른 참석자에게 물었지만 알려 주지 않았다. '누구였는지 못 봤다.'라고만 했다. 그들의 태도는 한 마디로 '회피'였다. 돌발 행동을 지지하는 것은 아니었지만, 불편한 관계에 괜히 끼고 싶지는 않다는 뜻이었다.

사실 들리지 않는다는 경찰관을 찾아, 과장실로 따로 불러 "왜 그랬어요?" 물어보려 했다. 그런데 조사관처럼 그 경찰을 특정하고자 모든 참석자에게 누구냐고 물어볼 수도 없고 답답했다. 당시 내 불편한 감정을 한 단어로 말하면 '불확실한 두려움'이었다. 그것 하나 묻자고 괜히 권위적인 젊은 과장으로 평가받는 것이 두려웠다. 그 평가가 내 평판으로 굳어지고, 훗날 승진 심사에서 불리하게 작용할까 봐 두려웠다.

앞선 술자리 상황의 재연이 아니었던가? 난 그런 사람이었다.

'앞으로의 영광을 위해 한발 물러선 거야. 훗날의 상황을 예견하고 즉흥적으로 대응하지 않았어. 현명한 처사였어.'

용기 없는 후퇴를 이렇게 합리화하던 사람이었다. 글을 쓰는 지금, 당시의 내가 참 마음에 들지 않는다. 그때의 나는, 왜 그랬을까? 작은 행동 하나하나가 승진을 막을 것 같았기 때문이다. 계급으로부터 탈피하지 못했기 때문이다. 아니 계급에 얽매였기 때문이다.

승진은 조직을 운영하는데 필요한 하나의 인사관리 제도일 뿐이다. 강의 시간에도 그렇게 이야기한다. 지금 난 대학교라는 조직에 소속되어 있고 여기도 승진 제도가 있지만, 그것에 얽매이진 않는다. 내가 노력한 만큼 보상받고 그 수단이 승진이라면 받으면 된다. 노력이 부족해서 안 되면 그역시 받아들이면 된다. 승진을 위해 부당한 대우를 참으면서까지 살 생각은 없다. 예전의 나였기에 그렇게 살았을 뿐이다. 결과만 얻으면 과정은 중요하지 않다고 합리화하던 그때의 나였다. 그런 마음가짐으로 경찰 관리자를 했다니.

"철학적으로 빈약한 사람이 어디까지 높이 올라가려고? 비극이다."

신고하는 법 몰라?
제대로 신고해!

　젊은 관리자에 대한 부정적 반응이 꼭 실무자에게서만 나타나진 않았다. 상사에게 이런 대우를 받기도 했다. 31세 경감 때의 일이다. 정기 인사발령으로 의경 기동대 중대장 보직을 받았다. 본래 의경 기동대는 지방경찰청 직할대지만, 내가 발령받은 기동대는 중요 시설 경비가 주 임무였다. 그런 이유로 중요시설을 관할하는 경찰대장(총경, 경찰서장급)에게 주로 업무지시를 받았다.

　경찰 정기인사 중 1월의 상반기 인사는 대규모지만, 7월의 하반기 인사는 빈자리 채우기 형식으로 이루어져 규모가 작았다. 이 인사 시기가 7월이어서 경정과 경감을 같은 날 인사발령했음에도, 중요시설을 담당하는 경찰대(이하 ○○경찰대)로 가는 사람은 단 두 명에 불과했다.

경정 과장 한 명은 소속 자체가 ○○경찰대라 지방경찰청 장 부임 신고가 필요 없었다. 그래서 발령일 오전에 먼저 ○○경찰대장을 만나 부임 신고를 했다고 들었다. 하지만 난 지방경찰청 직할대의 장이기에 소속인 지방경찰청장에게 먼저 부임 신고를 해야 했다. 그래서 ○○경찰대 경무계장에게 문의한 결과 오후에 들어와 부임 신고하라고 들었다.

그날따라 비가 많이 내려 지방경찰청에서 부대로 가는 초행길 운전이 고생스러웠다. 어쩌면 그 비는 오후에 마주할 상황과 그로 인해 느낄 내 마음속 찬 바람을 예고한 것이었는지도 모르겠다. 오전의 지방경찰청장 부임 신고는 별다른 게 없었다. 신고자가 십여 명 되었는데 그 중 발령문의 제일 위에 있는 분이 대표로 부임 신고를 할 예정이었다. 원래 부임 신고를 예시로 들자면 이렇다.

"충성! 신고합니다. 경정 ○○○은 00. 0. 0.일자로 ○○경찰서 ○○과장에서 ○○경찰청 ○○계장으로 이동을 명받았습니다. 이에 신고합니다. 충성!"

인사권자로서 발령 작업에 개입 안 했을 리 없고, 누가 어디로 가는지는 이미 발령문 결재 과정에서 살폈을 수밖에 없다. 그런데 '회의실에 서서 이런 문구를 외치며 신고해야 하는 이유는 뭘까?' 하고 항상 의아했었다. 아니나 다를까, 지방경찰청장은 대표자가 신고하려 하자 바로 제지했다.

"다 아는데 무슨 경례고 신고야. 그냥 당부 말 좀 할게요."

그리고는 각자의 임지로 가 빨리 업무 파악하고, 맡은 부서원들 잘 독려해 효율적이면서도 화합된 분위기로 부서를 이끌라고 당부하였다. 신고는 그걸로 끝이었다.

오후 ○○경찰대장 신고까지는 시간 여유가 있었다. 난 먼저 부대에 들어가 같이 일해야 할 경찰관들과 인사를 나누고 점심을 먹었다. 그리고 부대원들을 강당으로 모이게 한 뒤 "잘 지내보자."라며 짧은 취임 인사를 하였다. 시간이 되자 ○○경찰대장 부임 신고를 하러 경찰대 청사로 이동하였다. 우선 대장실에 들어가기 전 경무계장을 만났다.

"부임 신고는 어찌하면 될까요?"

"오전에 과장님 먼저 하셨는데 그냥 대장실 들어가서 정중히 인사하시고, 같이 차 한 잔 나누시면 됩니다."

오전 지방경찰청장 앞에서 부임 신고한 걸 떠올리며 오후 신고도 큰 차이 없겠구나 싶었다. 경무계장이 나를 대장실

문 앞으로 인도한 뒤 먼저 노크하였다.

"대장님. 경무계장입니다. 들어가도 되겠습니까?"

"들어와!"

밖에서 들으니 목소리가 우렁찼다. 다만 날카롭게 들렸다.

문을 열고 같이 들어갔다. ○○경찰대장이 나를 쳐다보는데 눈빛이 매서웠다. 처음 본 순간 호랑이 아니면 불도그가 떠오른 건 왜일까? 순간 기에서 눌렸다 싶었지만, 자세를 잡고 허리를 깊숙이 숙여 인사했다.

"안녕하십니까. 대장님! 신임 ○○기동대 중대장 황정용 경감입니다."

고개를 들고 그를 쳐다본 순간, 짐작도 하지 못한 반응에 직면했다.

"야! 건방지게. 네가 뭔데 그따위로 신고해?"

"네?"

"신고하는 법 몰라? 제대로 신고해! 경무계장! 넌 애한테 신고하라고 안 했어?"

바짝 긴장한 경무계장은 신고하도록 했다고만 말했다.

상사와의 첫 대면에서 인상이 제대로 구겨졌다고 느꼈다. 난 정식으로 신고하겠다고 하고 ○○경찰대장 정면에 다시 섰다.

"충성! 신고합니다. 경감 황정용은 00. 0. 0.일자로 ○○경 찰서에서 ○○기동대 중대장으로 이동을 명받았습니다. 이에 신고합니다. 충성!"

그제야 그는 마뜩잖다는 표정으로 경례를 받았다. 그리고 는 마주 선 채로 이야기를 이어 갔다.

"아침에 ○○과장 왔다 간 이야기를 들은 모양인데, 그 사람은 50대야! 네가 똑같이 하려고 해?"

그랬다. 젊은 게 제대로 안 한다는 말이었다. 나이와 계급의 차이로 똑같은 행동이 무례로 받아들여졌다. 즉, 조직 내 위계의 이중 잣대가 적용되었다. 그 자리에서 경무계장에게 책임을 돌리고 싶지는 않았다. 경험상 그래 봐야 또 격노를 부를 게 뻔해 보였다. 하긴 부임 신고 절차가 별 의미 없이 형식적으로 흘러왔기에, 사실상 유명무실해졌을 뿐 사라진 것은 아니었다. 원칙대로 하지 않은 것을 부인할 순 없었다.

결국 나는 선 채로 짧은 훈시를 들은 뒤 경찰대장실을 나왔다. 착잡했다. 앞으로 험난한 여정이 기다리고 있을 것 같았다. 사실 ○○기동대 중대장으로 발령받았을 땐 정말 기뻤다. 그 자리가 소위 인기 보직으로 불렸기 때문이다. 그런 만큼 당시 인사 시즌에는 다섯 명 정도가 경합하고 있다는 이야기가 돌았다. 그래서 내심 그 보직은 포기한 차였다. ○○경찰대 부임 신고 전에 부대에 가서 경찰관들과 인사를 나눌 때 들은 말이 기억난다.

"중대장님이 우리 부대로 오실지는 몰랐어요. 소문에 중대장님은 전혀 없었거든요. 나이도 있고 인맥도 넓은 분들이 여럿 밀고 있다 했어요."

일반적인 조직 인사 흐름으로는 젊고 특별한 배경도 없는 내가 그 자리에 가는 것이 어려웠다. 내가 낙점된 배경은 며칠 뒤, 직전에 근무했던 경찰서 서장님에게 들을 수 있었다.

"그냥 지방경찰청장이 원칙대로 인사하신 거야. 자네는 경비부서 꼭 가야 하는 순번이었잖아. 1순위. 다른 사람들은 그렇지 않았고."

사실 당시 인사에서 시내 중대장 자리 하나가 더 비었기에 그곳으로 나를 보내고, ○○기동대 희망자 중 다른 한 명을 발령 내도 문제는 없었다. 하지만 지방경찰청장은 경쟁이 과

열된 ○○기동대 중대장 자리에 원칙을 따르겠다며 나를 보내고, 경비부서 2순위자를 시내 중대장으로 발령해 인사를 정리했다.

여하튼 정당한 인사발령을 통해 기쁜 마음으로 부임했는데, 시작부터 쉽지 않았다. 생각해 보면 내가 가고 싶은 곳에 발령받았을 때 오히려 힘들었던 기억이 많았던 반면, 원하지 않은 곳에 발령받았을 때 즐겁게 일하고 직원들과 허심탄회하게 어울렸다.

○○경찰대장은 과장들과 함께 점심을 먹었다. 이전 기동대 중대장은 특별한 상황이 없으면 그 자리에 자주 같이하였다. 하지만 나에게는 들어오라는 말이 없었다. 첫 대면의 여파가 남은 듯했다.

난 상사와 같이 점심 먹는 시간을 즐기는 사람은 아니었다. 하지만 이전 중대장은 불렀는데, 바뀐 중대장을 부르지 않는다는 건 불신의 표현이라 생각했다. 최소 1년간 부대를 관리해야 할 입장에서, 관서장에게 신뢰를 얻지 못하면 부대 경찰관들과 백여 명의 부대원들이 보이지 않는 피해를 보지 않을까 두려웠다. 그래서 한동안 부대 관리를 열심히 하며 그 모습을 보여 주고자 했다. 아침 참모 회의 땐 그냥 듣고만 있기보다는 우리가 하는 일을 알리고자 노력했다.

부임한 지 2~3개월쯤 되었을 때로 기억한다. ○○경찰대장이 점심시간에 들어와 같이 식사하자고 하였다. 난 이것을 신뢰의 시작으로 받아들였다.

앞서 나이와 계급의 차이로 같은 신고식이 다르게 이루어진 이야기 즉, 조직 내 위계의 이중 잣대가 적용된 일화를 소개하였다. 조지 오웰(George Orwell)의 소설 『Animal Farm(동물농장)』에서 겉으로는 평등을 외치지만, 실제로는 지위와 권력에 따라 다른 기준을 적용하는 현실을 역설적으로 비판한 문장이 있다.

"All animals are equal,
but some animals are more equal than others."

모든 동물은 평등하다. 하지만 어떤 동물은 다른 동물보다 더 평등하다.

계급장의 무게를
느끼십시오

난 목소리에 자격지심이 있다. 굵은 저음의 목소리를 가진 남성을 보면 부럽다. 그렇게 되고 싶어 여러 번 따라 해 봤지만 따라 할 수 있는 영역이 아니었다. '아나운서 발성법'이라는 특강을 들은 적도 있다. 그다지 도움 되지 않았다. "지문(指紋)과 성문(聲紋)은 바꿀 수 없다."라는 말이 있다. 여기에서 성문이 목소리이다. 내가 이렇게 바꾸기 힘든 목소리에 집착하게 된 계기가 있다. 시내에서 경감으로 의경 중대장을 하던 때의 이야기이다.

지방경찰청 경비과에서는 매년 봄 모든 경비부대를 한자리에 모아 '지휘검열'이라는 이름도 거창한 행사를 한다. 검열관은 지방경찰청장이기에 경비과에서 많은 신경을 쓴다. 이 행사에서는 경비부대가 모여 기본적인 진압술을 선보인 뒤, 부대별로 불법 집회시위자들을 관리하는 시범, 몇 개 부대가 연합해서 다수의 불법 집회시위자들을 해산하는 시범 등을 보인다. 당연히 본 행사 전 여러 날 동안 모든 부대가 모여 모의 연습을 한다.

행사할 때 꼭 필요한 인물이 지휘자이다. 기본적인 진압술을 선보이는 단계에서부터 한 명의 지휘자가 십여 개의 부대원들에게 지휘 구령을 외치면, 수백 명의 대원이 그에 따른 자세와 대형을 갖추었다. 쉽지 않은 역할이기도 하거니와 모든 지휘 구령을 외워야 했다. 지방경찰청장 앞에서 프린트한 종이를 보며 구령하면 보기 싫다는 이유에서였다. 이 역할은 힘들면서도 인사상 혜택은 없어, 십여 명의 중대장 중 가장 젊은 사람이 맡는 게 관행이었다. 그해에는 나보다 젊은 중대장이 없었다.

모든 부대가 모여 연습하는 단계에서는 지방경찰청 경비계장(경정, 무궁화 세 개)이 훈련을 지도했다. 며칠간 난 모든 부대원 앞에서 수백 번 지휘 구령을 외쳤다. 그래서 부대원들도 내 구령에 리듬을 맞춰 간 상태였다. 지휘검열이 1주일도 안 남은 시점에 지방경찰청 경비과장(총경, 무궁화 네 개)이 훈련 상태를 보겠다며 훈련장에 왔다.

　검열 시나리오에 따라 기본 진압술 시간이 되자, 나는 모든 부대원 앞에서 연습한 대로 지휘 구령을 외쳤다. 내 리듬에 맞춰 여러 번 훈련했기에 부대원들의 시범은 이상이 없었다. 그런데, 갑자기 지방경찰청 경비과장이 마이크를 잡고 한마디 하였다.

　"시범 중지"

　갑자기 지방경찰청 경비과장이 남은 시범의 진행을 막았다. 그리고는 옆에 있던 경비계장에게 무언가 이야기하는 것 같았다. 난 부대원들을 바라보고 있었기에 내 뒤에 있던 경비과장의 표정은 보지 못했다. 하지만 질책하는 목소리임은 알 수 있었다. 그러더니 경비계장이 다른 중대장 한 명에게 다가가 무언가 이야기하는 것이 보였다. 거대한 파도가 몰려오기 직전의 해변에 등지고 서 있는 것 같았다. 아니나 다를까 경비계장과 이야기를 나눈 중대장이 내게 다가왔다. 그리고 조용히 속삭였다.

　"정용아. 고생했다. 이제부터 내가 할게. 미안하다."

지금 상황에서 그가 내게 미안할 건 당연히 없었다. 그 중대장은 대학 3년 선배이기도 했는데, 작년에는 그가 가장 젊은 중대장이어서 검열 지휘자를 했었다. 지방경찰청 경비과장의 지시는 '지휘자 즉시 교체'였다. '내 목소리가 마음에 안 들었구나.'라고 예상했고, 훈련이 끝난 뒤 지휘를 대신한 중대장에게 물었더니 역시 맞았다.

"목소리 때문에 교체된 건 맞는데, 사실 힘들잖아. 차라리 잘되었다고 생각해라."

"선배님. 죄송합니다. 저 때문에."

"아냐. 괜찮아. 신경 쓰지 마."

사실 그 중대장에겐 내가 미안했다. 작년에 고생했으니 올해는 내게 넘기고 쉴 수 있었는데 갑작스레 또 하게 되었다. 그는 인품이 훌륭하다고 소문이 자자했는데, 그나마 내겐 인복(人福)이 있었다.

하지만 지방경찰청 경비과장의 지시는 지극히 권위적이었다. 그는 서울의 한 경찰서장 재직 시절 부하들의 업무 비위를 막지 못한 책임으로 좌천된 직후였다. 재기의 기회를 노리고자 이번 행사에 많은 신경을 쓰고 있다고는 추측했다.

지휘검열 지휘자를 적임자로 바꾸는 것은 얼마든지 할 수 있는 조치이다. 그러나 '방법론상 그래야만 했을까?'라는 아쉬움이 컸다. 십여 개 부대원들이 모두 보는 앞에서 그간 맞춰왔던 지휘자를 바로 교체하는 모습을 보여야만 했을까? 게다가 그중 한 부대원들은 내가 평소 지휘했고 내일도 모레도 지휘해야 했다. 어쩌면 그는 지방경찰청 산하 모든 부대원이 있는 자리에서 자신의 한 마디로 지휘자가 바뀌는 모습을 통해 권위를 확인하고 싶었는지도 모르겠다.

학문적으로는 이런 상황에서의 권한 행사를 '리더십'이 아닌 '헤드십'이라 부른다. '헤드십'은 조직이 부여한 공식적인 권력을 바탕으로 지휘하는 능력을 말하고, '리더십'은 권력이 아니라 그의 인품이나 자질을 바탕으로 영향력, 설득력을 발휘하는 것을 말한다.

경찰과 같은 대형 공조직은 활용할 수 있는 다양한 권한을 명확히 규정해 놓고 있다. 관리자라면 누구나 '헤드십'을 활용하기에 큰 문제가 없다. 반면 남을 도우려는 마음에 의해서만 조직되는 자원봉사단체, 취미를 같이 하고자 모인 동호회는 다르다. 가입과 탈퇴가 자유롭고, 리더에게 부여된 공식적 권한이 사실상 없는 모임은 '헤드십'을 활용할 여지가 없다. 그래서 이런 모임의 관리자는 주로 '리더십'으로 조직을 이끈다.

결국 지방경찰청 경비과장이 내린 '지휘자 교체' 결정은 '리더십'이 아닌 '헤드십'이었다. 본인은 리더십이었다고 생각했겠지만 말이다. 헤드십을 활용하며 뛰어난 리더라고 자평했을 그는 시범을 모두 본 뒤 그대로 자리를 떴다. 만약 그가 리더였다면 대상자를 공개 처형하듯 '지휘자 교체'라는 공식적인 권한을 행사하지는 않았을 것이다. 지금의 내가 그 권한을 행사해야 한다면, 시범을 모두 진행한 뒤 지휘자를 따로 불러 1:1로 의사를 전달했을 것이다.

"중대장, 고생했네. 하지만 들어보니 검열행사를 지휘하기엔 성량이 아쉽네. 이번엔 적합한 사람으로 교체할 테니 이해해 주게."

리더가 이런 방식으로 교체 의사를 전했다면 팔로워가 더 쉽게 받아들이지 않았을까? 팔로워는 리더의 권한 행사를 마지못해 받아들이기보다는, 리더에 대한 신뢰를 바탕으로 따르기를 원한다.

리더십을 이야기하다 보니 떠오르는 리더가 한 명 있다. 그는 경찰교육원(지금의 경찰인재개발원) 교무과장(총경)이었다. 이 이야기도 내 목소리로부터 시작된다.

경찰청은 매년 한 번씩 전국 무도·사격대회를 개최했다. 사격은 경찰교육원 사격장에서 열렸는데 전국에서 내놓으라 하는 실력을 갖춘 경찰들이 모여 자웅을 겨뤘다. 이 대회에서 3위 안에 입상하면 승급(봉급 1호봉 인상)이 주어졌다. 1호봉을 오르는 게 별거 아닌 것 같지만, 내년에도, 그다음 해에도, 퇴직할 때까지 매년 원래 받아야 했을 봉급보다 더 받는 효과가 있다. 이전에는 1위에 한해 특별승진이 주어지기도 했는데 경쟁이 지나치게 과열되어 특진 인센티브는 폐지된 상태였다.

이번에도 문제는 지휘자였다. 사격에서는 통제관이라 부른다. 각 지방경찰청을 대표하는 사격선수들이 15개 사로에 입장해서 퇴장할 때까지의 모든 행동은 통제관의 지시에 따랐다. 경비학과에서 사격을 담당하는 교수요원이 항상 통제해 왔는데, 그 해는 경찰청에서 '경감(무궁화 두 개) 이상이 통제할 것'이라는 지시가 내려왔다. 사격선수 중 다수가 경위(무궁화 한 개)이니 통제관은 그 이상 계급이어야 한다는 논리였다.

당시 학과 내 사격 담당 교수요원은 두 명이었지만 모두 경위였다. '그래서 경감인 글쓴이가 통제했구나.'라는 전개는 예상하셨을 것이다.

'사격 담당 경위'와 '일반경비 분야 담당 경감', 과연 전문성과 계급 중 무엇이 우선되어야 할까? 대부분 책에는 전문성이라 쓰여 있다. 하지만 '현실에서는 계급이 우선'이었다. 사격 통제관의 자격이 법률에 규정되어 있는 것도 아니었기에 누가 하는가는 상급부서의 판단 영역에 속했다. 나는 통제의 중책을 맡았기에 사격 담당 교수요원에게 자문했다. 다른 기관의 전문가에게도 물었다. 그런데 내가 모르던 주의사항을 들었다.

"속사 사격할 때 논란이 생길 우려가 있어요. 15초에 5발을 쏘는데, 1등 한 선수가 15초 종료 직후에 한 발을 쏘지 않았냐며 다른 선수가 문제를 제기했었거든요. 누구나 들을 수 있게 사격 종료 구령을 크게 하셔야 해요. 수십 발의 총성이 동시다발로 울리고, 선수들은 귀마개를 쓰기 때문에 구령이 잘 안 들려요. 늦게 쏜 선수가 종료 구령 듣지 못했다고 주장하면 곤란해집니다."

당시 교육원 사격장은 종료 시점에 표적지가 90도 돌아갔기에 늦게 사격하면 실탄이 표적지에 맞을 수 없었다. 그러나 사격 시각이 초 이하 단위로 기록되는 시스템은 없었기에 이의 제기는 충분히 있을 법했다. 나는 이 부분에 집중해 사격대회 일주일 전부터 실제 사격장 통제실에 가 통제 연습을 했다. 특히 주의사항대로 사격 종료 구령을 크게 외치는 연습도 잊지 않았다.

대회 당일 사격대회는 순조롭게 진행되고 있었다. 그런데 3조 사격이 진행되던 도중 태극무궁화 계급장을 단 사람이 통제실 뒤편으로 들어왔다. 태극무궁화 네 개, 경찰청장(치안총감)이었다. 군대의 별을 경찰의 태극무궁화로 생각하면 이해하시기 쉽다. 대한민국 경찰 중 단 한 명인 최고 수장이 무도·사격대회를 보러 온 것이었다. 그 뒤엔 태극무궁화 두 개인 경찰교육원장(치안감)과 여러 간부가 따라 들어왔다.

난 경례를 하고 다시 통제를 이어 나갔다. 5분(300초) 안에 10발을 쏘면 되는 완사에서는 별문제가 없었는데, 15초 안에 5발을 쏘아야 하는 속사에서 문제가 발생했다. 완사에서는 '사격 종료' 구령을 크게 외칠 필요가 없었다. 가장 천천히 사격하는 선수도 5분이 되기 몇 초 전 사격을 마치기 때문이었다.

하지만 속사에서는 주의사항대로 '사격 종료' 구령을 크게 외쳤다. 이때 경찰청장이 내 외침에 깜짝 놀란 모양이었다.

그 뒤의 흐름은 앞선 지휘검열과 비슷하다. 3조 속사 사격이 끝난 후 경찰청장은 무도 경기를 보러 통제실을 나갔는데, 뒤에 따라붙은 경찰교육원장 얼굴이 심하게 일그러져 있었다. 교육원 교무과장이 혼자 남아 통제실 한편에 있던 사격 담당 교수요원을 조용히 불렀다. 그리고는 그에게 남은 통제를 맡긴 뒤 앞선 일행을 따라갔다.

나는 '현장 교체'되었다. 사유는 '경찰청장이 현장에서 놀라서'였다. 나중에 알고 보니 경찰청장이 조용히 경찰교육원장에게 "통제관 왜 갑자기 소리쳐? 화난 거 아냐?"라고 말했다고 한다. 그 말에 경찰교육원장이 곧바로 교체를 지시한 것이었다.

소문은 빨랐다. 오후에 몇몇 교수요원이 "무슨 일이 있었던 거냐?"고 물었다. 친한 선배는 "통제를 어찌했기에 원장님이 그렇게 화를 내셨냐?"고 물으며 지휘부의 분위기를 전해 주었다. 그러던 와중에 교무과장에게서 들어오라는 호출을 받았다.

"황 경감. 왜 갑자기 소리친 거야? 청장님 놀라셨어."

물어보는 목소리는 평온했고 질책보다는 전후 사정을 알고 싶어 하는 눈치였다. 난 그리 하게 된 이유와 통제 연습 과정까지 사실대로 설명했다. 이를 들은 교무과장은 한 마디로 상황을 정리했다.

"황 경감 잘못한 거 없구먼. 수고했어."

그 일에 대해 별다른 조치는 없었다. 교육원장이 격노했다는 사실을 들었을 때는 감찰의 사실관계 조사가 있을 거로 생각했다. 하지만 조사조차 없었다. 교무과장이 교육원장에게 당시의 촌극에 대한 내 입장을 잘 보고한 듯했다. 감사했다. 그는 대상자를 조용히 배려하며 사람을 살피는 리더였다. 이 일을 계기로 난 그의 팬이 되었고, 그가 더 큰 책임을 맡으며 더 많은 경찰을 이끄는 지휘관이 되기를 원했다. 결국 그는 지방경찰청장(치안감)까지 하고 퇴임하였다.

상사가 격노하였으면 그 아래 관리자의 반응은 보통 두 부류이다.

첫째, 상사의 격노를 누그러뜨리려 실무자의 잘못을 최대한 밝히고 부각한다. 그리고 징계와 같은 책임을 지운 뒤, 다른 직원들에게 이와 같은 전철을 밟지 말라며 '업무 철저 지시'와 같은 강조공문을 내려 보낸다. 그리고는 상사에게 책임 부과와 실무 강조를 했다고 보고하고 "잘 조치했으니 걱정하지 마십시오."라고 한다.

둘째, 상사가 격노하게 된 업무가 어찌 진행된 것인지 파악한다. 실무자도 불러 이야기를 듣고, 중간 관리자나 동료 실무자에게도 교차 점검한다. 그리고는 실무자의 업무가 진정 잘못된 것인지, 열심히 하는 와중에 생긴 과실인지, 아니면 상사가 실무적인 세부 사항을 몰라 그냥 격노한 것인지 결론을 내린다. 그리고 결론에 따라 앞으로 어떻게 조치할 것인지 상사에게 건의한다.

누가 바람직한가? 안타깝게도 첫 번째 부류의 관리자들이 아직 많다. 승진은 상사가 시켜 준다고 믿기 때문이다. 상사의 심기만을 살피기 때문에 첫 번째 부류처럼 대응하는 것이다. 이들 아래의 실무자는 어떤 마음으로 일하겠는가? 상사의 상사가 화내고 잘못되었다고 하면 '또 내가 책임지겠구나.' 생각할 것이다. 첫 번째 부류의 관리자에게 말하고 싶다.

"당신이 그토록 어깨에 달고 싶어 하는 계급장의 무게를 느끼십시오. 계급장이 무거워질수록 당신이 책임져야 할 실무자도 늘어납니다. 실무자들이 흘리는 땀과 고뇌의 무게도 당신 계급장에 포함되어 있음을 잊지 마십시오. 함께 짊어지기를 바랍니다."

오만한 괴물이 될 순 없었습니다

중국 송나라 학자 정이(程頤)는 '소년등과일불행(少年登科一不幸)'
이라는 말을 남겼습니다. 어린 나이에 과거에 급제한 것이 오히
려 불행이라는 뜻입니다. 우리 사회는 젊은 나이에 높은 관직에
오르는 것을 최고의 성공으로 여겨 왔지만, 이들이 걸어온 탄탄
대로는 세상 사람들이 마주한 가시밭길의 존재 자체를 남의 일
로만 여기는 결과를 낳기도 합니다. 결국 정이가 짚고자 한 것
은, 그러한 사람이 세상 물정에 어두우면서도 오만하기만 한 괴
물이 될 수 있다는 점이었습니다.

저는 고시에 합격하지는 않았지만, 경찰대를 졸업하였다는
이유로 경위라는 간부 계급에서 경찰 생활을 시작했습니다. 그
때는 저 역시 탄탄대로가 펼쳐지리라 여겼습니다. 겉으로는 티
내지 않았지만, 속으로는 오만했습니다. 가시밭길을 걸어온 경

찰 동료보다 세상 물정에도 어두웠습니다. 어찌 보면 그런 제게 쓴맛을 보여 주고 싶었던 동료가 있었다는 것도 예상 가능한 일이었는지 모릅니다.

마침 제가 '소년등과일불행'의 뜻을 깊이 받아들인 시점이 새로운 경로를 모색하게 된 시기와 맞물린 것은 결코 우연이 아니었을 것입니다.

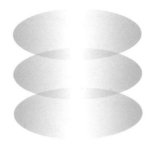

II

내 일에 어울리는 사람,
참 어렵다

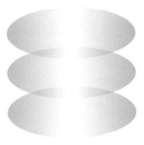

Smooth seas do not make skillful sailors.
잔잔한 바다는 유능한 선원을 만들지 못한다.

아프리카 속담

말이 아닌 행동으로…
직장 선배의 가르침

　경위 초임 시절 경찰서의 내근 실무자로 일하던 때였다. 2월 말이었지만 봄이 오기에는 아직 멀었다는 듯 매서운 바람이 온종일 부는 날이었다. 그날 아침 경찰서 수사과에서 각 과로 하나의 일정을 통보하였다. 통보를 받은 경찰들의 표정에는 내심 반기지 않는 기색이 역력했다.

　"날도 추운데 꼭 오늘 해야 하나?"

　통보는 오늘 밤 10시부터 내일 새벽 1시까지 세 시간 동안 '일제 검문검색'을 하겠다는 내용이었다. 여기서 '일제'는 '여럿이 한꺼번에'라는 뜻의 '일제히'를 의미한다. 그리고 '검문검색'은 직역하면 검사하기 위해 묻고 찾아낸다는 뜻이다. 「경찰관 직무집행법」이 '불심검문'에 대해 정의한 것을 요약하면 다음과 같다.

'행동이 수상한 사람, 범죄를 저질렀거나 저지르려 한다고 의심되는 사람 등을 정지시켜 질문할 수 있으며 흉기를 갖고 있는지도 조사할 수 있다.'

늦은 밤 길거리에서 지나다니는 사람들을 잘 살펴 범죄를 예방하라는 의미다. 보통 의심스러운 사람에 대해서는 신분증 확인을 하는데 이때 수사기관에서 수배해 놓은 사람들이 잡히는 경우도 많았다. 지구대 · 파출소, 형사기동대처럼 현장에서 일하는 경찰들이 평소에도 해온 활동이다. 하지만 경찰청의 지시나 경찰서장의 판단에 따라, 사람들이 많이 활동하는 금요일 밤 같은 날에는 가능한 한 많은 경찰을 길거리에 배치해 검문검색을 하곤 했다.

이날은 경찰서 모든 과의 경찰을 동원하였다. 취지에는 동감했지만, 경찰서 내근자들은 오후 6시에 퇴근하고 밤에 다시 길거리에서 추가 근무를 하는 셈이었기에 달가워하진 않았다. 보통 수사과에서는 실무자를 2인 1조로 묶어 검문검색하도록 하고, 경찰서장 · 과장 · 계장과 같은 관리자는 실무자가 현장 근무를 잘하는지 감독하도록 배치표를 작성했다.

일제 검문검색을 세 시간 하면 관리자도 세 시간 내내 감독하는 것이 원칙이었다. 하지만 관리자는 통상 감독해야 할 장소를 한 바퀴 돌아본 뒤 들어갔기에, 이 근무를 그다지 싫어하지는 않았다. 당시 대다수 경찰서에서 경위 이상은 많지 않았기에 관리자가 아닌 경위도 으레 검문검색 감독자로 배치했다. 그래서 '오늘도 감독이겠지' 생각하고 배치표를 확인했는데 아니었다. 최대한 많은 인원을 배치하라는 상급관청의 지시 때문에 실무자인 경위는 모두 2인 1조 실제 근무자로 편성되어 있었다.

'오늘은 좀 힘들겠네. 그래도 설마 세 시간 내내 서 있겠어?'

이렇게 생각하며 배치 시간인 밤 10시에 맞춰 현장으로 나갔다. 조원은 평소 같은 사무실에서 근무하는 직원이었다. 계급은 경장(꽃봉오리 세 개)으로 나보다 낮았지만, 나이는 열 살가량 많았다. 당연히 얼굴 알고 어느 정도 친분이 있었다. 평소 사무실 분위기도 잘 띄웠고 내게 말도 자주 걸어 주었던 동료였다. 배치표에서 조원 확인할 때부터 '좋은 분하고 짝 되었네. 오늘 근무 시간은 지루하지 않겠구나.'하고 생각했다.
배치받은 곳이 번화가는 아니어서 지나다니는 사람이 많

지는 않았다. 처음 한 시간 정도는 둘이 같이 서서 꽤 많은 이야기를 나누었다. 근무 시작한 지 한 시간쯤 지나 지정된 감독자가 우리에게 다가왔다. 그는 "고생 많아요."라고 우리를 격려해 주고는, 우리가 소지한 근무일지에 감독 사인을 한 뒤 시야에서 사라졌다. 이제부터는 좀 편히 근무할 수 있으리라 생각했다. 실제 근무자로 일제 검문검색에 동원된 것은 처음이었기에, 이미 경험 많은 동료가 적당히 쉴 시간을 잡아 주리라 믿었다.

그런데 시간이 흘러도 그는 잠시 쉬자는 말을 하지 않았다. 날이 추워 바로 옆에 세워둔 자동차 안으로 들어가 잠시 몸을 녹이고 나오면 좋겠다는 생각이 들었다. 하지만 내가 들었던 관례, '일제 검문검색 도중 감독자가 지나가면 쉬어 가며 근무한다.'라는 관례가 사실인지 직접 체험하며 확인한 적은 없었다. 그래서 먼저 말 꺼내기 조심스러웠다.

'곧 잠시 쉬자고 하겠지.'라고 생각하면서 차가운 기운이 파고드는 걸 자연스러운 떨림으로 견디고 있었다. 한 30분 지났나 생각하며 시계를 보면 10분도 안 지났을 정도로 시간이 길게 느껴졌다. 여전히 그의 입에서 내가 생각한 말은 나오지 않았다. 게다가 말수도 부쩍 줄었다. 결국 나는 자정이 되자 포기했다. 무슨 이유에서인지 모르겠지만 그는 세 시간 내내 정위치에서 정자세로 근무하겠다는 의지를 가진 듯했다.

마침내 핸드폰 시간이 새벽 1시를 가리켰다. 내 의지와는 달리 세 시간 내내 서서 원칙대로 근무한 셈이었다. 근무를 마치자마자 그가 내게 말했다.

"경위님 고생했습니다. 우리 어디 가서 술 한잔만 할래요?"

술을 좋아하지 않는 내게 새벽 1시의 술자리는 부담스러웠다. 하지만 평소와 달라 보였던 그가 제안했기에 꼭 할 말이 있을 것 같았다.

그가 인도한 포장마차에 들어가니 이미 다른 장소에서 근무를 마친 경찰이 한 명 더 있었다. 그도 우리와 같은 사무실에 근무했고, 경사(꽃봉오리 네 개)였으며 나이는 나보다 열 살 이상 많았다. 세 명이 한 상에 둘러앉아 멍게, 해삼과 같은 해산물을 안주로 시키고 소주를 나눠 마셨다. 어느 정도 술자리가 무르익자 같은 조원이었던 경찰이 내게 물었다.

"오늘 힘드셨죠. 세 시간 동안 안 쉬고 서서 근무하니 어땠어요?"

그러자 합석한 동료 경찰이 깜짝 놀라 내게 물었다.

"정말 그동안 쭉 서 있었어요? 왜요?"

"왜요?"라는 돌발 질문에 내가 쉬이 대답할 말을 찾지 못하자 나와 함께 검문검색한 동료가 말을 이었다.

"형. 내가 일부러 계속 서 있었어. 옆에서 같이."

"네가 이런 적 한 번이라도 있냐? 너 그런 사람 아니잖아."

"경위님이 근무자로 일제 검문검색한 것은 처음일걸. 조만간 경감, 경정, 그 이상도 올라가실 텐데 지금 이런 경험 해보셔야 해. 일선 실무자들이 어떻게 근무하는지, 윗분들이 쉽게 생각하는 이런 근무가 얼마나 힘든지 아셔야 한다고. 그래서 나도 원칙대로 했어."

그제야 그가 끝까지 원칙을 지키며 근무한 이유를 알았다. 그의 친한 동료가 말했듯, 그도 처음으로 휴식 없는 세 시간 일제 검문검색을 했다는데 얼마나 힘들었겠는가. 그는 내게 전하고 싶던 메시지를 행동으로 보여 줬다.

만약 그가 말로만 메시지를 전했으면 "네. 맞아요."라고 대답했겠지만, 가슴 깊이 와닿지는 않았을 것이다. 그날 밤 계속 서 있느라 느낀 다리의 뻐근함, 찬바람이 옷 속을 파고들며 전해 준 쌀쌀함, 핸드폰 진동과도 같았던 내 몸의 떨림은 또렷이 기억에 남았다. 특히 술자리에서 들은 그의 진심, '실무자들의 고충을 느끼고 관리자가 되어도 이를 기억하라.'라는 그의 행동 메시지는 절대 잊히지 않았다.

오감으로 느낀 기억, 그가 전해 준 핵심 조언은 이후 경찰 생활 내내 꼭 잊지 말아야 할 지침이 되었다. 인원이 부족해 내린 결정이었겠지만 나를 실제 근무자로 지정한 수사과 실무자에게도 감사드린다.

행동의 중요성을 강조한 영어 속담이 떠오른다.

"Actions speak louder than words."
행동이 말보다 더 크게 말한다.

추운 날씨보다
더 뜨거웠던 마음들

초임 경위(무궁화 한 개)로 지구대에 근무할 때였다. 지금과 달리 당시에는 경위 수가 부족해 지구대의 경위는 모두 순찰팀장을 할 수 있었다. 그래서 나는 순찰팀원을 해 본 적 없이 곧바로 순찰팀장을 맡았다.

지구대는 도시와 농촌 복합지역에 있었고 신고는 많지 않았다. 순찰팀원을 2인 1조로 지정해도 모든 순찰차를 운행할 수 있었기에, 직접 신고를 처리할 일은 드물었다. 팀장은 팀원이 지구대로 데려온 피의자 관리, 조사 과정에서의 도주 방지, 경찰서로의 신병 이송 등에서 사고를 방지하는 것이 주요 업무였다. 그리고 팀원이 사건 처리 방향을 명확히 잡지 못할 때는 방향을 제시해야 했다. 이 과정에서 노련한 팀원의 의견을 적극적으로 수용했다. 법과 규칙을 기계적으로 적용하는 것만으로는 일이 순조롭게 풀리지 않는 경우가 많다는 것을 경험으로 깨달았기 때문이다.

12월이 되고 날씨가 추워졌다. 어느 날 경찰서 교통과에서 '지구대는 매일 밤 음주단속 실시할 것'을 지시하는 공문이 내려왔다. 그러나 문서에 적히지 않은 추가지시가 '일제 전화'를 통해 각 지구대에 전달되었다. '일제 전화'란 한 명의 관리자가 여러 명의 하급 관리자나 실무자에게, 1대 다수로 동시에 지시를 전달하는 통화 방식이다. 보통은 관리자가 일방적으로 지시를 전달하고, 이를 듣는 다수의 수신자는 "○○지구대 알겠습니다."라고 응답했다. 추가지시의 핵심은 '매일 밤 최소 한 건의 음주운전 적발'이었다.

당시 지구대 순찰팀은 세 개 팀이 교대로 근무했으며, 일제 전화가 오던 날 근무한 팀장은 내가 아니었다. 그래서 출근 후 다른 팀장에게 그 내용을 전해 들었다. 처음에는 '교통계로는 역부족인가 보네. 그래서 지구대에 음주단속을 권고하는구나.'라고 생각했다. '매일 밤 음주운전 적발 최소 한 건' 지시가 내려오고 첫 야간 근무일이었다. 음주운전 적발 건수가 0건이었다. 그런데, 근무 종료 즈음 우리 지구대 직원이 교통계장으로부터 "왜 ○○지구대는 음주단속 건수가 없나? 단속은 했나?"라는 전화를 받았다. 그제야 일제 전화가 권고가 아닌 사실상 강제 지시였음을 깨달았다.

우리 팀원들은 신고 출동을 마치면 음주운전 단속장소에 성실히 모였다. 본인이 꼼수를 부리면 정직하게 근무하는 다른 팀원이 그만큼 고생하는 구조라고 생각했기 때문이다. 그러나 성실한 단속이 곧 높은 적발 건수로 이어지지는 않았다. 유흥지가 발달하지 않은 관할 구역의 특성상 음주운전자가 적었기 때문이다. 그러다 보니 적발 건수가 0건인 날이 며칠 더 있었다. 야간 근무를 마칠 즈음이었다. 팀장 석의 전화 벨이 울려 받아보니 경찰서 교통과장(경정)이었다.

"○○지구대 음주단속 합니까? 팀장님이 챙겨 주셔야죠."

말투는 온화했지만, 말에 뼈가 가득했다. 질책이었다. 음주단속은 경찰이 열심히 해서 절도와 같은 범죄 검거율을 높이는 것과는 전혀 다른 문제이다. 술을 마시지 않은 운전자뿐만 아니라 술을 마셨지만, 음주단속 수치에 미치지 않은 운전자도 단속할 수 없는 노릇임은 자명하다. 과장은 지구대의 단속 근무 시간이 짧아서 적발 건수가 없다고 의심하는 듯했지만, 그렇다고 지구대에서 단속 근무에만 매달릴 수도 없었다. 조심스레 의견을 말했다.

"과장님, 죄송합니다. 다만 지구대에서 나오지도 않는 음주운전자를 단속할 수는 없는 노릇이라 고민입니다."

그러자 과장의 목소리 톤이 날카로워졌다.

"팀장, 내가 없는 건수 단속하랬어요? 더 열심히 팀원들 독려하고 전략적으로 시간 장소 정해 단속하세요. 알겠어요?"

대부분의 지구대는 기존에 있던 파출소 건물을 약간만 개조해 사용했고, 지금도 다수의 지구대가 그렇다. 팀장 자리라고 해 봐야 팀원 사무공간 바로 뒤편에 있어 팀원이 통화 분위기를 충분히 알 수 있다. 아무래도 팀원들은 과장에게 질책받는 팀장이 신경 쓰였던 모양이다.

다음 야간 근무일이었다. 팀 회의 시간에 정했던 음주단속 시간이 지났지만 적발된 운전자는 없었다. 이전 같으면 철수했겠지만, 팀원들이 단속을 계속하고 있음을 무전으로 알게 되었다. 조직 생리상 어려움에 처할 팀장을 생각한 팀원의 마음에 가슴이 뭉클했다. 그 덕이었을까? 팀원이 자체적으로 이끈 추가 단속 시간에 한 건이 적발되었다.

다음 야간 근무일부터는 음주단속 현장에 동행했다. 팀원들의 마음에 보답하려면 나만 따뜻한 지구대에 있지 말고 현장에 같이 있어야겠다는 생각 때문이었다. 물론 동행한다고 없는 음주운전자가 생길 리 만무했지만, 이렇게라도 팀 모두의 마음이 모이면 하늘이 정말 '음주운전자를 단속 장소로 지나가게 해 주지 않을까?' 하는 생각도 있었다. 팀장이 현장에 나갔다고 단속 건수가 획기적으로 늘지는 않았다. 여전히 단속 건수가 없던 날도 있었다. 어느 날은 새벽 5시까지 단속했는데도 없어 그만 철수하자고 했다. 그런데도 선임급 경찰한 명이 계속하겠다고 했다.

"팀장님 먼저 들어가세요. 괜찮아요. 우리가 꼭 잡을게요."

팀장에 대한 배려와 경찰로서의 집념이 결합한 것 같았다. 눈물 날 것 같았다. 내가 인복(人福)이 있는 사람인 건 맞는 듯했다. 그날은 거의 아침 7시 되어서까지 단속했다. 그러나 건수는 없었다.

독자분들은 이렇게 생각하실 수 있다.

"음주운전자가 적어야, 결국은 없어져야 교통질서가 정착되고 안전한 것 아냐?"

당연하다. 그리고 경찰은 이 명제를 달성하기 위해 노력해야 한다. 다만 그 과정에서 음주운전 적발 건수 자체를 기준으로 관서별 실적을 줄 세우고 경쟁체제를 만드는 것은 절대 바람직하지 않다. 각 관서의 인구수는 얼마인지, 관할지역에 유흥지가 얼마나 발달해 있는지, 쭉 뻗은 도로가 많은 계획도시인지 아니면 꾸불꾸불한 도로가 많은 구도심인지 등 다양한 여건을 고려하고 그에 맞는 사고 예방정책을 추진해야 한다.

참고로 지금은 지구대를 정기적인 음주운전 단속에 배치하지 않는다. 음주운전 의심 신고를 받은 경우에만 그 차량 운전자를 대상으로 확인한다. 정기적으로 음주운전 단속을 하는 부서는 교통과뿐이다. 전문적인 경찰 활동을 지향한다는 차원에서 바람직한 방향이다.

다시 돌아와 독자분들은 또 한 가지 의문을 품으실 듯하다. "적발 건수가 많으면 그 관서가 안전한 거 맞아?"

경찰이 행하는 모순 중 하나이다. 적발 건수가 많다는 건 그 관서의 교통질서가 제대로 잡히지 않았다는 의미일 수 있다. 그런데도 실적이 많다고 표창하고, 성과평가에 유리하게 반영하는 것은 모순이다. 게다가 평가에 과학적 근거도 없다. 이 일화 당시에는 모든 관서의 특성을 모두 무시하고 건수를 단순 비교했다. 그나마 지금은 전년도 단속 건수에 대비해, 비율을 정하고 얼마나 늘었는지, 줄었는지를 비교한다. 교통 사망 사고 발생과 같은 건수도 전년과 비교한다. 이 또한 과학적 근거에 의한 평가라고는 볼 수 없다. 경찰청은 솔직히 말할 필요가 있다.

"매년 어느 관서 경찰이 열심히 했는지 평가는 해야 하는데 기준이 마땅치 않다. 그래서 그냥 쉽게 보이는 기준을 활용해 왔다."

이것은 그냥 '평가를 위한 평가'일 뿐이다.

마지막으로, 팀 동료들의 배려를 떠올리며 리더가 가져야 할 마음가짐을 강조한다.

"성과는 리더 혼자의 몫이 아니다. 그 무게를 함께 짊어진 동료들의 배려 덕분이다."

이러려고
경찰 한 건 아닌데…

난 경위(무궁화 한 개) 시절 지구대 근무를 두 번 했다. 첫 번째
는 순찰팀장이었지만, 두 번째는 순찰팀원으로 시작했다. 3
년 사이 경위 근속 승진 제도가 도입되면서 경위 수가 빠르
게 늘었기 때문이었다. 근속 승진이란 일정 기간 성실히 근
무하였고, 상위 계급에서의 직무능력이 있다고 인정되는 자
를 한 계급 승진임용하는 제도다. 경위 중 젊은 내가 팀장을
받기에는 자리가 부족했다. 첫 근무일이 되어 무거운 마음으
로 출근하였다.

'차라리 예전에도 팀원이었으면 잘할 수 있을 텐데. 다른
팀원이 날 얕보지는 않을까?'

이런 걱정이 많았다. 팀원의 역할은 업무 매뉴얼에 나와
있었지만, 실제 현장은 매뉴얼의 글귀만으로 해결할 수 없는

사건들로 가득했다. 팀장으로서 바라본 팀원의 역할과 직접 맡은 팀원의 역할은 분명 달랐다. 사람은 자기 처지에 따라 일을 다르게 바라보기 때문이다.

팀장은 두 명의 경찰을 내 파트너로 정하겠다고 하였다. 한 명은 경사(꽃봉오리 네 개), 한 명은 경장(꽃봉오리 세 개)으로 나이는 나보다 열 살 내외로 많았다. 지구대 경찰은 2인 1조로 순찰차를 타기에 하루는 경사, 하루는 경장 이런 식으로 조원을 지정받았다. 근무일지상 상위 계급자가 조장, 그리고 하위 계급자가 조원으로 기록되었지만 나는 형식적 구분에 신경 쓰지 않았다. 지구대 순찰팀원으로서 경험이 많은 두 명의 동료에게 먼저 "잘 부탁드립니다."하고 인사했다. 형식적 인사가 아니라 진심 어린 부탁이었다. 그들의 도움 없이는 제대로 일할 수 없음을 잘 알고 있었기 때문이다.

두 번째 근무한 지구대도 도시와 농촌 복합지역이었다. 하지만 첫 번째 지구대보다 신고 건수가 훨씬 많았다. 지방경찰청 안에서 신고 건수가 두 번째로 많은, 소위 바쁜 지구대였다. 한 건 처리하면 바로 한 건이 우리 순찰차로 배당되는 흐름 속에 정신없는 날을 보냈다.

동료 두 명은 법률 지식이 뛰어나 보이지는 않았지만, 수많은 신고를 처리했던 경험 덕분에 현장에서 능숙하게 대응했다. 신고를 받고 출동한 경찰은 그곳에서 일어난 일을 직접 보지 않았기에 신속히 상황을 파악해야 했다. 내 동료는 신고자, 주변에 있던 사건 관련자와 대화하며 빠르게 상황을 구성했고, 그를 바탕으로 가해자와 피해자를 구분했다. 경찰 지휘부가 강조하는 법률 지식은 현장에서 빠르게 상황을 파악한 후에야 적용할 수 있었다.

　또 얼마든지 일어날 수 있는 신고자와 관련자의 흥분, 항의, 상호 다툼, 돌발적 공격 등은 매뉴얼의 사건 처리 절차에 나오지도 않았다. 하지만 실제 현장에 출동해 사건을 처리해야 하는 경찰에게는 절대 무시할 수 없는, 아니 중요한 고려 요소였다. 이런 부분에서 내 동료 두 명은 강했다.

　야간 근무일이었다. 경사급 경찰과 순찰차를 탔다. 그 경찰은 신고가 뜸하면 도심 지역의 상점이나 농촌 지역 주민을 만나 대화하기를 좋아했다. 그러면서 요새 무슨 범죄가 잦은지, 범죄가 아니더라도 이상한 사람이 돌아다닌다거나 건물 축대벽이 위험해 보인다는 등 주민의 이야기를 들었다. 덕분에 나도 주민이 전하는 유익한 지역 정보를 알 수 있었다. 야간 근무 시작하고 한 시간 이상 우리 순찰차 관할에는 신고가 없어 쏠쏠한 지역 정보를 듣고 다니던 중이었다. 내가 한마디 던졌다.

"오늘은 신고도 별로 없고 할 만하네요."

"어? 그런 말 하면 안 돼요! 그러면 신고 밀려와요!"

현장 경찰의 징크스였다. 첫 지구대 근무 때에도 동료들이 많이 언급했던 금기였다. 몇 분 지나지 않아 우리 순찰차에 '주취자 시비' 신고가 배당되었다. 그 말을 내뱉지 말았어야 했는데.

현장에 도착하니 딱 봐도 술기운이 한참 올라 돌아다니는 남자 한 명이 있었다. 40대 후반으로 보였는데 꽤 우람한 몸집이었다. 한편 신고자는 이미 떠난 상태였다. 동료가 신고자에게 전화하자 "폭행당한 건 없지만 동네 불안하니 집으로 보내만 달라."라고 하였다.

나와 동료는 현장의 남자에게 신고받고 나왔음을 말하고 집으로 돌아갈 것을 요청했다. 하지만 만취해 보였던 그는 "나 집 몰라."를 외치며 본인의 술기운에 더욱 자신을 맡겼다. 내 옆의 동료가 신분증을 달라고 요구했다. 그는 지갑을 주섬주섬 꺼내더니 알아서 보라며 건네주었다. 신분증을 토대로 확인한 집은 그 동네가 아니었다. 걸어가기에도 멀었지만 특히 만취 상태로 걸어가게 해서는 안 된다고 판단했다. 우리는 그를 순찰차에 태워 귀가시키기로 했다.

나는 운전석에, 동료가 옆 조수석에, 술 취한 남성은 뒷좌석에 앉았다. 피의자가 아니기에 경찰 한 명이 뒷좌석에 함께 탈 필요는 없었다. 그리고 순찰차는 안에 있는 사람이 뒷문을 열 수 없는 구조였으며, 지금도 그렇다. 한편 2인 1조 중 누가 운전하고 누가 조수석에 탈지는 팀장이 지정하는데, 하위 계급자가 계속 운전하고 상위 계급자는 동승만 하는 구조가 아니라 시간을 균등하게 나누어 놓았다.

운전대를 잡은 나는 시동을 켜고 출발 준비를 했다. 그런데 뒷좌석의 남성이 갑자기 물었다. "어디로 가냐?" 그러자 내 옆의 동료가 "선생님 집으로 가요."라고 말했다. 그런데 순간 '턱' 하는 소리와 함께 머리에 통증이 느껴졌다. 뒷좌석의 진상 고객⑺이 내 뒤통수를 때린 것이었다.

"젊은 놈이 물었으면 대답을 할 것이지! 뭐야, 버릇없게."

머리를 맞은 순간 든 첫 생각은 '씁쓸하다'가 아니었다. 웃

프게도 '다행이다'였다. 우람한 몸집의 그는 손도 엄청나게 컸다. '이거 제대로 맞았으면 병원 가 진단서 끊었겠네.'라는 생각이 제일 먼저 들었다. 내 동료는 자주 본 일이란 듯이 "선생님, 왜 그래요? 내가 뒤로 가야겠네." 하며 순찰차 뒷좌석으로 이동했다. 훗날 경찰청은 이런 유의 일이 잦자 순찰차 앞좌석과 뒷좌석 사이를 막을 수 있는 투명 격벽을 설치했다.

다행이라는 감정도 잠시, 운전하며 '씁쓸하다'라는 생각이 나를 휘감기 시작했다.

'이렇게도 맞는구나. 이러려고 경찰 한 건 아닌데.'

그리고 내 동료의 반응에서 또 하나를 느꼈다. '현장 경찰에게 이런 일이 얼마나 일상화되었으면 아무렇지 않은 듯 받아들일까?' 하는 점이었다. 그만큼 현장을 뛰는 경찰 동료들은 일부 몰지각한 시민의 불합리한 폭력에 둔감해져 있었다. 당시에는 씁쓸했지만, 지금은 슬프다. 일부 몰지각한 시민 때문에 고생할수록 그들이 행한 부당한 대우에도 둔감해졌다. 사실 둔감해진 게 아니라, 둔감해지려 노력한 것이었다. 감정의 촉수를 무디게 하지 않으면 스스로 견딜 수 없었기 때문이었다.

아직도 일부 경찰 지휘부와 관리자, 심지어 경찰청과 경찰서 실무자조차 지구대 경찰을 낮게 평가하는 시선이 남아 있다.

'지구대 경찰은 상대적으로 계급이 낮으니까, 전문적인 역량이 없으니까 경찰청도 경찰서도 아닌 지구대에 발령받은 거야. 그러니 현장에서 고생이라도 해야지.'

어느 경찰관서에 근무하든지 다 고생한다. 경찰청에서 경찰서에서 정책을 수립하고, 자체 계획을 세워 시행하고, 결과를 확인하여 수정하는 일은 만만치 않다. 현황 파악과 문제점 도출, 그에 기반한 대책 마련을 요구하며, 이를 제대로 하기 위해 많은 자료를 준비한다. 때로는 국회가 경찰행정 전반을 확인하는 국정감사를 받기 위해 수개월 동안 밤낮없이 준비하기도 한다.

하지만 이러한 고생이 현장에서 시민들과 부딪치며 예상할 수 없는 대우를 감내하고, 수많은 돌발 상황에 즉각적으로 대응하는 지구대 경찰의 고생보다 우월한 것은 아니다. 단지 고생의 종류가 다를 뿐이다.

나는
젊은 꼰대였다

　두 번째 근무한 지구대에서의 순찰팀원 경험은 오래가지
않았다. 내가 발령받은 지구대는 신고 건수가 많기로 유명
해, 나이 많은 경위가 다른 지구대에 비해 훨씬 적었다. 대개
나이 많은 경위는 비교적 덜 바쁜 지구대에 배치하는 경향이
있었기 때문이다. 이는 연장자에 대한 인사상 배려이자, 바
쁜 지구대에 젊은 경찰을 다수 배치하는 것이 효율적이라는
판단에 근거했다. 우리 지구대 경위는 겨우 다섯 명에 불과
했는데 세 명은 순찰팀장, 한 명은 행정업무를 맡은 관리팀
장이었고, 나머지 한 명이 바로 순찰팀원인 나였다.

　그런데 순찰팀장 중 한 명이 갑작스레 명예퇴직하며, 그
빈자리에 내가 발령되었다. 처음 순찰팀장을 맡았을 때 느낀
지구대 경찰의 순수한 집념, 그동안 순찰팀원을 하며 느낀

지구대 경찰의 어려움을 바탕으로 순찰팀장을 하리라 다짐
했다. 팀원이 믿고 따르는 팀장이 되고자 마음먹었다.

 팀장이 된 지 며칠 되지 않아 신임 순경(꽃봉오리 두 개)이 우리
팀에 배치되었다. 그는 경찰 채용시험에 합격한 후, 중앙경
찰학교라는 신임 경찰 교육기관에서 막 교육을 마친 상태였
다. 나이는 나보다 한 살 어렸다. 나보다 계급도 낮고 나이도
적은 경찰과 같은 팀에서 일하게 된 것은 처음이었다. 그의
첫 출근 날, 나는 팀장 자리로 그를 불러 면담을 진행했다.
새로운 팀원이 왔으니 궁금한 점을 묻고 앞으로 잘해 보자는
취지였다.

 그는 180cm 이상의 키에 건장한 체구, 구릿빛 피부를 지
닌 상남자 스타일이었다. 고향을 물으니 '부산'이라 하였다.
당시 나는 수도권에 근무했다. 먼 곳까지 지원한 이유를 묻
자 그는 단순하게 대답했다.

 "경찰 하고 싶어서요. 부산은 많이 안 뽑았어요."

 그 외에도 여러 질문을 한 것 같다. 그는 착한 심성을 지녔
고 나를 대하는 태도는 공손했으며, 일을 배우고 싶은 열의
가 넘쳤다. 그는 기대에 걸맞게 성장했다. 순찰차를 함께 탄

선임 경찰은 예외 없이 그를 칭찬했다. 현장에서는 당당했고, 지구대 안에서는 모든 경찰에게 예의를 갖췄다. 그가 정말 마음에 들었다. 나이도 나보다 어렸기에 편하게 속마음을 털어놓을 수 있을 것 같았다.

그래서 나는 그와 단둘이 술자리를 갖기도 했다. 인생 선배랍시고 '격려'를 하고, 팀장으로서의 어려움을 털어놓기도 했다. 지금 생각하면 겨우 한 살 많은 형이 팀장이라는 이유로 인생 조언을 했다는 게 주제넘었다고 생각한다.

어느 날이었다. 당시에는 지금처럼 수사서류가 전산화되어 있지 않았다. 지구대 컴퓨터에 저장된 양식을 불러와 범죄자와 범죄사실 등을 수정한 뒤, 출력해 경찰서에 전달하는 식으로 일했다. 현행범을 체포해 그를 경찰서로 이송할 때는 작은 실수도 용납되지 않았다. 이 경우는 팀장도 진행 과정에 깊이 관여했다. 하지만 범인을 특정할 수 없는 절도 현장 출동 같은 경우는 크게 긴장할 필요까지는 없었다. 보통 출동 경찰이 개략적인 사항을 파악하고 '발생 보고서'를 작성해 경찰서로 보냈다.

그런데 어느 날 경찰서에서 평소에 없던 팀장 서명란을 추가한, 새로운 양식을 도입했다. 도장도 아닌 직접 서명을 요구했다. 하필이면 내가 좋아하던 신임 경찰이 그 서명을 받지 않고 그대로 서류를 보냈다. 그의 입장에서는 평소와 다른 절차였기에 충분히 놓칠 수 있었다. 그러나 서명이 없다며 경찰서에서 서류를 반려했다. 서명해서 다시 보내 달라했다.

나는 그 서류를 본 순간 화가 났다. 마침 순찰차 교대를 위해 지구대로 돌아온 그를 보자마자 "일 똑바로 안 하냐?"라고 소리쳤다. 그리고 반려된 서류를 그가 서 있는 곳 앞에 있던 지구대 탁자 위에 던졌다. 그는 죄송하다며 다시는 실수 없이 하겠다고 말했다. 팀원 앞에서 그리 화낸 적은 처음이었고 이후로도 그런 적은 없었다.

왜 그랬을까? '그가 그만큼 큰 잘못을 해서?' 절대 아니다. 그가 화내기 쉬운 상대였기 때문이다. 사실 내가 미리 확인하고 서명했어야 할 일이었다. 내 잘못은 생각하지 않고, 편하다는 이유로 그에게 화를 냈다. 나는 젊은 꼰대였다.

후일 따로 만난 술자리에서 "그때 미안했다."라고 사과했다. 대인배인 그는 "아닙니다. 제가 잘못한 거죠."라며, 여전히 본인의 책임이었다고 말했다. 더 미안했다. 더 높은 계급으로 오르고 더 넓은 지역을 책임지며, 더 많은 경찰을 지휘해야 한다면 꼭 가져야 할 자세를 나는 가지지 못했다. 그런 내가 계급을 오르던 중간에 그만둔 것은 지금 보면 행운이었다.

반면 그는 그렇지 않았다. 그는 여전히 훌륭한 경찰로 남아 있다. 그리고 그런 그를 내가 만나기는 다행히 어렵지 않다. '부산'에서 형사로 근무하기 때문이다. 그는 경찰의 교류인사제도를 통해 부산으로 돌아갔다. 보통 고향을 떠나 근무하는 경찰이 고향으로 이동하고자 할 때 이 제도를 활용한다. 그가 고향으로 가게 되었음을 알았을 때 내 일처럼 기뻤다. 경찰인 그의 아내도 고향 찾아 함께 부산으로 갔기에 더욱 잘된 일이었다.

우연히도 내가 20년 넘게 하던 경찰을 그만두고 내려간 곳이 마침 부산이었다. 그는 내가 임용된 대학을 관할하는 경찰서 형사과에 근무하고 있었다. 이런 것이 인연일까? 대학 임용의 최종 관문인 이사장 면접을 본 날, 나는 그를 만났다. 전날 "내일 부산 갈 테니 같이 점심 먹자."라고 했기에 '서프라이즈'는 아니었지만, 그를 본다니 오랜 친구를 만나는 것처럼 들떴던 기억이 난다.

부산에 온 이후로 우리는 꾸준히 만나고 있다. 주로 점심을 함께하며 가족과 자녀 이야기를 나눈다. 경찰서에서 위촉한 시민위원회에 가끔 가는데, 그때마다 전화해 시간이 되면 얼굴을 본다. 물론 사건 처리하느라 바쁘면 못 보고, 조사차 현장에 나가 있으면 역시 못 본다. 그래도 즐겁다. 가까이 볼 수 있는 거리에 있다는 사실만으로도.

부산에 와서도 오래전 지구대에서 벌인 나의 꼰대 짓 이야기를 하며 사과했다. 역시나 그의 반응도 달라지지 않았다. 여전히 "제가 잘못했죠."라고 했다. 당시 서류가 발생 보고였는지 이미 벌어졌던 사건에 대한 수사 보고였는지, 다른 서류였는지 서로의 기억은 일치하지 않는다. 하지만 그런 건 이제 중요하지 않다. 중요한 것은 젊은 꼰대였던 팀장과 대인배였던 팀원이 여전히 서로를 응원하며 잘 지내고 있다는 사실이다.

이제는 그를 응원하고자 한다. 그는 신임 순경 누구나 그렇듯 지구대에서 경찰 생활을 시작했다. 하지만 인성 좋고 일 잘하는 그를 경찰서에서 가만두지 않았다. 순경 2년 차쯤 경찰서 형사과의 구애를 이기지 못하고 그는 형사가 되었다.

그리고 계속 형사 업무를 하고 있다. 부산으로 이동해서도 말이다. 강력팀 경위인 그는 경찰서뿐만 아니라, 지방경찰청 내에서도 생활폭력 사범 단속 최우수를 기록해 왔다. 경감(강력팀장 직위) 특별승진을 희망해 열심히 일했지만, 정작 그 문이 좁아서인지 과실을 따지는 못했다.

「경찰공무원법」과 「경찰공무원승진임용규정」에 따르면 특별승진은, 본보기가 되는 공적이 있는 자를 심사승진에 의하지 않고 승진시키는 특수한 인사제도이다. 나이, 출신 안배 모두 따지지 않고 오직 성과만을 보고 승진시켜, 열심히 일하는 경찰의 사기를 높이고 경찰 조직에 일하는 풍토를 심겠다는 의도이다. 누구나 인정할 수 있는 성과를 낸 자라면 특진할 수 있어야 그 의도가 실현된다. 사실 그는 심사승진도 바라볼 수 있는 연차가 되었다. 심사승진은 1년에 한 번 승진심사위원회 심사를 통해서 승진자를 정하는 인사제도이다.

물론 계급이 성공의 척도는 절대 아니다. 하지만 열심히 일했고 충분한 성과를 낸 경찰이 그 보상으로 계급을 원한다면 주어져야 한다. 그는 지금 당장 형사과장을 시켜도 할 수 있는 능력과 책임감이 있지만, 우선 강력팀장부터 신명 나게 할 수 있도록 자리를 깔아 주었으면 한다.

마지막으로 그에게 화를 낸, 성숙하지 못한 태도를 왜 보였는지 생각했다. 그리고 이렇게 결론 지었다.

"편하다는 이유로 예의를 놓았고, 그에게 상처를 줬다. 관계는 멀어서가 아니라, 가까워도 지켜야 할 선이 있다."

나를 감추며
나이 든 체했던 날들

경찰대 4학년 때였다. 당시 우리나라는 지금의 주 5일제 근무가 아니었다. 주 6일제로 토요일도 근무일이었다. 그래서 경찰대 학사일정에도 토요일 오전 수업이 있었다. 이 수업은 월요일부터 금요일까지의 전공 강의와는 전혀 다른 내용이었다.

어느 날은 현직 경찰이 와서 경찰 조직문화를 소개하고, 본인이 경험했던 사건을 들려주었다. 또 다른 날에는 경찰악대 대원들이 클래식 곡을 연주해 주었다. 적당한 강사가 섭외되지 않은 날에는 운동장에서 제식훈련을 하기도 했다. 학년별로 부대를 이루어 통일된 대형을 형성하고 절도 있는 동작을 연습하는 훈련이었다. 말만 들어도 꺼려지지 않는가? 이건 가장 하기 싫은 토요일 일정이었다. '운동장에서 몇 시간만 훈련하면 곧 외박이다.'라고 스스로를 다독이며 시간을 버텼다.

어느 토요일, 경찰악대가 사용하는 건물로 모이라는 지시가 있었다. '오늘도 악대의 클래식 공연인가? 오래 듣기엔 지루한데.' 생각하며 그곳으로 향했다. 악대 대원들은 이미 자리 잡고 앉아 있었지만, 분위기가 평소와 달랐다. 그들은 무대 중앙이 아닌 양옆에 앉아 있었다. '그럼 저 자리는 누구를 위한 걸까?' 하는 궁금증이 들었다.

잠시 후 학생지도실장(경정, 무궁화 세 개)이 나와 마이크를 잡았다. 그리고 나름 길게 배경 설명을 시작했다.

"여러분은 졸업과 동시에 경위로 임용됩니다. 파출소장이나 경찰서 계장을 해야 합니다. 아직 20대니까 젊다고만 생각하겠지만, 지역 어르신이나 경찰 선배는 여러분을 소장, 계장으로 볼 겁니다. 그들과 어울리려면 그 나이에 맞는 생각과 태도를 갖춰야 합니다."

일리 있는 말이었다. 일반인이 생각하는 경찰의 계급과 나이에 대한 이미지가 경찰대 졸업생의 현실과는 맞지 않으니, 우리가 그 나이대의 문화에 맞춰야 한다는 뜻이었다. 당시

파출소장이나 경찰서 계장은 대개 40대 중반에서 50대 중반 사이였기에 그 나이대에 맞추라는 이야기였다. 설명은 충분히 들었는데 무엇을 하려는 것인지 궁금했다. 그제야 학생지도실장은 강사를 소개했다.

"트로트 가수 박○○ 님입니다."

트로트 가수? 트로트를 배우는 날이었다. 졸업 후에는 젊은 감성의 노래보다 트로트를 부르는 것이 회식 자리나 공식 석상에서 더 유용하리라 판단한 것 같았다. 그리고 '박○○?' 당시에는 트로트를 좋아하는 사람이어야 들어봤을 수 있는 준척급 히트곡 한 곡을 가진 가수였다. 대부분 학생은 "누구?" 하는 반응이었다. 가수가 등장해 "안녕하세요, 박○○입니다."라고 소개할 때도 의례적인 박수만 나왔다.

그런데 나는 이름을 듣자마자 그의 준척급 히트곡이 떠올랐다. 외박 나갔다가 TV에서 한두 번 들었던 곡이었는데, 의외로 귀에 잘 꽂혔던 덕이다. 그래서인지 나는 그날 트로트 강의에 집중했다. 가수가 트로트 특유의 꺾기 창법을 설명하며 시범을 보일 때에는 전율마저 느껴졌다. 다른 동기들은 별 관심 없는 태도였지만 나는 이상하게 깊이 빠져들고 있었다. 강의 마지막에 본인의 곡을 직접 불렀을 때는 마치 나만의 콘서트를 보는 느낌이었다.

그날 외박을 나와 그의 곡을 다시 찾아보았다. 당시 그는 1집을 막 낸 신인이었고 곡 또한 대단히 유명하지는 않았지만, 트로트 애호가 사이에서는 나름대로 인기가 있었다. 일요일 밤 학교로 돌아갈 때까지 그 노래를 반복해 들으며 자연스럽게 흥얼거리기 시작했다. 그렇게 나는 트로트에 빠져들었다.

사실 그전까지만 해도 트로트는 아저씨, 아줌마만의 애창곡이라 여겼으며, 월요일 밤 KBS의 〈가요무대〉를 즐겨보는 어르신을 보며 '내 노래 장르는 아니야.'라고 생각했다. 하지만 그 강의 이후 내 노래 장르는 완전히 트로트로 바뀌었다.

솔직히 나는 여대생과의 미팅 후 노래방에서 뱅크의 〈가질 수 없는 너〉, 에메랄드 캐슬의 〈발걸음〉 같은 발라드를 멋지게 불러 관심을 끌고 싶었던 평범한 학생이었다. 하지만 목소리가 매력적이지 않았기에 발라드는 어울리지 않았다. 그래서 고음부에서 뇌에 산소가 부족해질 것 같은, 발라드 명곡을 부른 적은 없다. 최소한 미팅 후에는 말이다. 다만 가족과 같이 갔을 때 시도한 적은 있는데 한 번 부르고 깔끔하게 포기했다.

이런 내게 트로트는 새로운 세계였다. 잘 부를 자신은 없었지만 재미있게 부르기에는 내 목소리와 창법에 오히려 어울리는 듯했다. 여대생의 관심을 끌 수는 없어도, 졸업 후 지역 어르신이나 경찰 선배의 마음을 사로잡을 수 있겠다는 생각이 들었다. 이후 여러 트로트 곡을 즐겨 들으며 자연스럽게 많은 곡을 외우게 되었다. 졸업 후 회식 자리에서는 항상 트로트를 불렀다. 노래방 화면 가사를 보지 않고도 의미를 살려 불렀기에 나름 맛깔나게 소화할 수 있었다. 반응도 좋았다. 잘 불러서가 아니라, 분위기에 맞는 곡을 골랐기 때문이었다.

나이에 맞지 않는 삶을 살기 위한 또 다른 시도도 있었다. 되도록 나이 들어 보이게 옷을 입었다. 중년층이 선호하는 양복 브랜드에서 옷을 사 입었다. 젊은 층이 즐겨 입는 양복 브랜드와는 핏이나 디자인에서 확연히 달랐다. 슬림하지 않은 클래식 핏에 전통적인 투 버튼, 무난한 검정이나 남색 계열의 양복을 주로 입었다. 구두도 즐겨 신었는데, 특별히 멋을 내지 않은 검정 계열이었다. 경찰은 근무복에 맞춰 신는 검정 단화를 보급품으로 주는데, 근무하지 않는 날에도 신을 신발이 마땅치 않으면 사복 차림에 그대로 신곤 했다.

'엎친 데 덮친 격'으로 또 다른 문제가 있었다. 내 패션 감 각이 끔찍했다. 아니, 끔찍했다기보다는 아예 패션 자체를 몰랐다. 기억에 남는 일화가 있다. 30세, 경감으로 승진한 뒤 지방으로 발령을 받았고, 이후 수도권에 살던 지금의 아내 를 소개받아 교제를 시작한 시절이었다. 첫 만남 날 나는 단 정한 양복을 입었는데, 그 옷은 젊은 층을 겨냥한 브랜드였 다. 평소 근무하지 않는 날 입던 양복이었다. 그날은 아내에 게 좋은 인상을 남겼다. 나중에 아내는 "그날 양복 핏이 좋았 다."라고 했다. 하지만 이후로는 패션 테러의 연속이었다.

가장 강력한 한 방은 특정 브랜드의 심볼이 그려진 노란 지 퍼 카디건에 발목을 접어 올린 청바지, 그리고 구두의 조합이 었다. 아내의 말에 따르면 그날 내 모습이 순간 50대 아저씨 를 떠올리게 했다고 한다. 그리고 바로 집으로 돌아가고 싶었 다고 했다. 충격이었다. 집에 가고 싶었다는 말 때문이 아니었 다. 나름 젊어 보이고 싶어 꾸민 것이기 때문이다. 교제 중인 여자친구 앞에서는 나이 들어 보일 필요가 없었으니 말이다.

이제 와 생각해 보면 그때의 나는 참 안쓰러웠다. 40대인 지금의 나는 트로트를 부르기에 잘 어울리는 나이가 되었다. 옷 또한 어떻게 입어도 내 나이보다 들어 보이지 않는다. 지금 내가 트로트를 부르는 것은 순수한 즐거움이며, 남이 봐도 어색하지 않다. 교수가 되면서 옷차림도 편안해졌고, 나이에 맞지 않는다는 평가를 들어본 적도 없다.

하지만 20대의 나는 트로트를 즐겁게 부르긴 했어도 이면에 다른 목적이 있었다. 지역 어르신과의 술자리, 경찰 선배와의 회식 자리에서 트로트를 부르는 이유는 단순히 분위기를 띄우기 위해서만은 아니었다. '계급에 어울리는 사람'으로 보이기 위한 전략이었다. 그러면 노래뿐만 아니라 업무에서도 '계급에 어울리는 사람'으로서 잘할 것이라는 인상을 줄 수 있으리라 여겼다. 결국 상위 계급으로 오르기에 적합한 사람이란 이미지를 심어 주기 위한 것이었다. 옷을 나이 들어 보이게 입은 것 또한 같은 이유였다. 모두 계급에 얽매인 결과였으며, 그로 인해 '나다움'은 상실했다.

그때의 나에게 위로를 건네고 싶다.

"왜 그렇게 살았니? 노래조차 부르고 싶어서가 아니라 승진하려고 불렀니?"

"옷조차 네 나이에 맞게 입지 않고 승진을 위해 늙어 보이는 쪽을 선택했니?"

이제는 그러지 않으리라 다짐한다. 남의 기대에 맞추기 위해 내 모습을 버리고 나이에 맞지 않게 살아가는 것이 얼마나 불행한 일인가 싶다.

그런데 트로트 가수 박ㅇㅇ은 어떻게 되었을까? 꾸준히 트로트 무대에서 활동하던 그는 이듬해 2집을 발표하면서 〈자옥아〉라는 곡으로 큰 인기를 끌었다. 그렇게 명성을 얻은 그는 〈무조건〉이라는 또 하나의 곡을 연달아 히트시키며, 트로트계에 확고히 자리 잡았다. 트로트를 좋아하시는 분은 이제 이 가수를 아실 수 있을 것이다.

다시 돌아와 스티브 잡스(Steve Jobs)가 스탠퍼드대학교 졸업식에서 한 연설 문구를 인용한다.

"Your time is limited, so don't waste it living someone else's life."
너의 시간은 한정되어 있으니, 다른 사람의 삶을 사느라 낭비하지 말아라.

주변에는 항상 배움을 주는 사람들이 있습니다

경위라는 계급으로 시작한 경찰 생활이 결코 제게 행운으로만 다가온 것은 아니었습니다. 오히려 풀기 어려운 숙제를 안겨 주기도 했습니다. 시민들과 직접 만나는 최일선 현장 경험이 빈약하다는 점을 외면한 채 지낸다면, 승진하여 현실을 모르는 관리자가 될 것이 뻔했습니다. 그런 제게 말이 아닌 행동으로 현장의 애로를 몸소 느끼게 해 준 경찰 선배, 팀워크와 배려로 똘똘 뭉친 동료들, 사실상 동년배이지만 훨씬 사려 깊은 경찰 후배가 있었습니다. 바로 그들이 제게 주어진 행운이자, 숙제를 풀 열쇠였습니다.

어느 조직에 몸담고 있든 우리 주변에는 항상 그들과 같은 존재가 있습니다. 다만 우리가 그들의 도움을 무시하거나, 자격지심에 사로잡혀 외면한다면, 그 행운은 허공에 흩어질 것입니다. 저는 퇴직했지만 황송하게도 많은 경찰 동료가 저를 '인간적인 관리자'로 기억해 주고 있습니다. 그것은 모두 제가 초임 경위 시절, 바람직한 경찰의 모습을 몸소 보여 주었던 이들이 있었기에 가능했습니다. 고맙습니다.

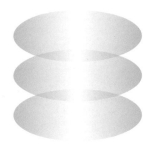

Ⅲ

권한과 책임
사이에서 헤매다

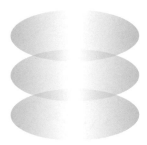

Leadership is not about being in charge.
It is about taking care of those in your charge.
리더십은 책임지는 것이 아니라, 당신이 책임지는 사람들을 돌보는 것이다.

영국 출신 작가 사이먼 시넥(Simon Sinek), 『Leaders Eat Last(리더는 마지막에 먹는다)』 중

먼저 존중하니
존중받아

경위에서 경감으로 승진한 나는 수도권에서 지방으로 발령받았다. 지방발령 난 간부급 경찰의 복귀 시점은 따로 정해져 있지 않았다. 인사 시즌에 수도권 지방경찰청의 빈 자릿수에 따라 결정되었다. 승진해서 내려간 사람이 일곱 명인데, 다음 해 해당 계급의 빈자리가 네 명이면 네 명만 복귀하고, 세 명은 1년 더 기다려야 했다.

다만 누구를 먼저 복귀시킬지 결정하는 기준은 '나이 많은 사람'이 아니었다. '원거리 발령자'였다. 더 먼 곳으로 발령받은 사람부터 복귀시키는 시스템이었다. 경찰청은 승진자를 지방 발령하기 전 희망지를 조사했다. 난 의도적으로 충청과 강원 지역을 건너뛰고 남부의 지방경찰청만 희망했다. 원거리 발령자 우선 복귀 제도를 고려했기 때문이었다. 마침 지방 근무 중 아내를 만나 결혼까지 했기에, 하루라도 빨리 복귀해 함께 살고 싶었다.

1년 뒤 인사 시즌이 되었지만, 경찰청에서 들려오는 소식은 희망적이지 않았다. 그해 승진자가 적어 상당수가 1년 더 기다려야 한다는 전망이었다. 내심 기대를 접고 지금 세 들어 사는 원룸을 1년 더 계약할지, 이사할지 고민하고 있을 때였다. 경무계 인사 담당자가 다가왔다. "계장님, 복귀 발령 났는데요! 못 가신다더니 이름 있어요!" 나는 복귀자의 마지막 순번을 받았다.

지방 근무 후 돌아온 나는 '전입자'로 분류되었고, 전입자 중 젊은 순으로 부여되는 경비부서 근무자 순위부에 올랐다. 기쁜 마음으로 받은 첫 보직은 시내에 있는 의경 기동대 중대장이었다. 열한 명의 경찰관과 함께 백여 명의 의경을 관리해야 했다. 열한 명의 경찰관 중 두 명은 본부에서 행정을 담당했고, 나머지 아홉 명이 세 개 소대를 맡았다. 각 소대에는 소대장, 부관, 운전반장이 있었다. 운전반장은 집회 현장으로 출동하거나 근무지를 오갈 때 기동대 버스를 운전하는 경찰관이었다. 기동대 중대장은 의경뿐만 아니라 소속 경찰관의 근무와 평소 생활 관리도 책임졌다.

기동대 중대장 사이에는 불문율이 하나 있었다. '운전반장을 잘 관리할 것'이었다. 상당수 운전반장은 1988년 서울올림픽 직전, 급증한 기동대 버스 운전 수요를 맞추기 위해 선발되었다. 그래서 2000년대 후반, 내가 중대장을 맡았을 때 대다수가 40대 후반에서 50대 초반이 되어 있었다. 반면 중대장, 소대장, 부관은 젊은 경찰 위주의 경비부서 순위부에 따라 차출되어 20대와 30대가 많았으며, 기껏해야 45세를 넘지 않았다.

집회·시위 현장에서 직접 대원을 지휘하고, 평소 대원을 면담하며 생활을 관리하는 것은 소대장과 부관의 몫이었다. 주요 업무를 하는 젊은 소대장·부관과, 버스 운전 외에는 특별한 임무가 없지만, 나이 많은 운전반장 사이에는 갈등이 잦았다. 심지어 운전반장은 젊은 중대장과 부딪히기도 했다.

경위 때 기동대 소대장을 하며, 중대장 사이에 돌던 불문율을 들은 나는 취임하며 이런 갈등 요소를 줄이기 위해 신경 썼다. 회의 시간에는 소대장과 부관에게 오늘 할 일을 물었다. 뻔히 아는 내용이었지만 물었다. 이들의 업무가 단순하지 않고 중요함을 운전반장에게 자연스럽게 인식시키기 위해서였다. 이를 통해 중대장이 소대장과 부관에게 업무적으로 힘을 실어 주고 있음을 보여 주고자 했다.

한편 부대 내에서 가장 연장자인 운전반장에게는 항상 예의를 갖췄다. 회의 시간에 "서로 존중합시다."와 같은 선언적 말은 하지 않았다. 리더라면 말보다 행동으로 보여 주는 것이 효과적임을 알았기 때문이다. 원칙을 알려 주려고 세 시간 동안 추위에 떨며 정자세로 일제 검문검색을 한 동료 경찰처럼.

어느 날 소대장 한 명이 중대장실을 찾았다. 대학 후배였던 그와 둘이 있을 때는 편하게 말을 놓았다. 대원 관리와 관련한 대화를 하던 중, 불쑥 운전반장 이야기가 나왔다.

"○ 반장님 요새 엄청나게 신나 보이지 않아요?"

"기분 좋아 보이긴 했지만, 그 정도야? 무슨 일 있어?"

"오늘은 식당 입구 벽까지 깔끔하게 페인트칠하시던데요. 페인트도 직접 사 오셨더라고요."

부대 건물이 오래되어 손볼 곳이 많긴 했지만, 그런 일을 부탁한 적은 없었다. 그런데 ○ 반장이 최근 자발적으로 부대 단장을 해 주셔서 감사 인사를 전한 적은 있었다.

"원래 그런 걸 좋아하시나 봐. 솔선수범하시는 분 같아."

"아뇨. 전 중대장님 계실 때는 전혀 안 하셨어요."

생각해 보니 ○ 반장은 나를 볼 때마다 멀리서도 웃으며 먼저 인사해 주었다. '원래 다정다감한가 보다.'라고 생각했지만, 전 중대장과는 갈등이 있어 절대 나서지 않고 꼭 해야 할 일만 했다는 말을 듣고 놀랐다.

'왜 그분이 나를 따르고, 도와주고 싶어 했을까?'

업무 때문은 아니었다. 기존 업무만 충실히 해 달라고 했을 뿐, 특별한 업무를 요청하지는 않았다. 업무적으로 어려움을 해결해 준 것도 없었다. 소대장의 말이 떠올랐다.

"중대장님을 인간적으로 좋아하는 것 같아요."

'인간적으로'. 보통 업무적인 관계에서 흔히 쓰지 않는 말이다. 다시 곱씹어 보았다. 나이가 많았기에 예의를 갖춰 인사했고, 인사할 때 미소를 지었을 뿐이었다. 부대 식당에서 같이 식사하면 가족사나 사소한 안부를 주고받았을 뿐이었다. 그가 근무를 마친 대원들을 태우고 돌아오면 "고생하셨습니다."라고 인사했을 뿐이었다. 대단한 일은 없었다. 말로 표현할 수는 없지만, 서로의 존재가 자연스럽고 편안하게 느껴졌던 것 같았다. 적어도 나는 그랬다.

리더의 행동을 중시하는 행태론적 리더십 이론 중 블레이크(Blake)와 머튼(Mouton)이 제시한 '리더십 그리드 모델(Leadership Grid Model)'이 있다. 업무 결과에 대한 관심과 사람에 대한 관심, 두 가지 차원이 모델의 핵심 기준이다.

그리고 두 가지 차원에 대한 관심도의 높고 낮음에 따라 다섯 가지 리더십 스타일을 구분했다. 둘 다 관심이 높은 리더가 가장 바람직하지만 엄청난 열정이 필요하다. 나는 중대장으로 취임하며, 둘 다 잘하기는 어려워도 '한쪽으로 치우치지 말자.'라고 다짐했었다. 그러면 완벽하지는 않아도 팔로워가 상처받는 일은 없으리라 생각했다. 결국 나로 인해 누군가가 직장에서 웃을 수 있다는 사실을 접하고 뿌듯했다.

이후 인사발령으로 헤어진 뒤에도 그는 내게 연락해 안부를 묻곤 하였다. 수상순찰대에 근무할 때는, 한가한 날을 알려 주고 "자녀들을 데려오면 배를 태워 주겠다."라고 하였다. 사적인 일이라 가지는 않았지만, 그의 따뜻한 마음이 고마웠다. 내가 경찰교육원으로 옮기고, 이후 경정으로 승진하면서 연락이 끊어졌다. 내가 먼저 연락드리지 않은 탓이다. 죄송하다. 이제는 퇴직하셨겠지만, 여전히 그분의 정감 어린 목소리가 그립다.

스티븐 코비(Stephen R. Covey)가 세계적 베스트셀러가 된 그의 저서 『The 7 Habits of Highly Effective People(성공하는 사람들의 7가지 습관)』에서 공감의 효과를 강조한 문장이 있다.

"When you show deep empathy toward others,
their defensive energy goes down, and positive energy replaces it."

당신이 다른 사람에게 깊은 공감을 보일 때, 그들의 방어적인 에너지는 사라지고,
그 자리를 긍정적인 에너지가 대신하게 된다.

측은지심惻隱之心으로
다가가기

『맹자(孟子)』 공손추(公孫丑) 상편에서는 남의 불행을 불쌍하고 가엾게 여기는 마음을 '측은지심'이라 표현하였다. 아무것도 모르는 어린아이가 우물 속으로 빠지려는 상황을 예로 들며, 이를 본 사람이라면 누구나 달려가 어린아이를 구할 것이라고 했다. 이는 칭찬이나 이득을 바라서가 아니라 인간의 본성에서 비롯된 것임을 강조했다.

지구대 순찰팀장으로 근무하던 해, 유난히 신임 순경 채용 인원이 많았다. 중앙경찰학교에서 새로운 졸업 기수가 나올 때마다 우리 팀에도 신임 순경이 배치됐다. 어느덧 팀원 열 명 중 신임 순경만 세 명이 되었다. 이들은 모두 나보다 젊었고 미혼이었으며, 두 명은 지역 출신이 아니어서 원룸과 작은 빌라에 각각 세 들어 살았다. 비슷한 처지에 있는 세 명은 근무 외에도 자주 어울리며 서로에게 의지하고 있었다.

처음에는 상호 힘이 되어 주는 모습이 흐뭇했다. 하지만 몇 달 지나자 왠지 모르게 안쓰러운 마음이 들었다. 나 역시 젊은 미혼이었으며 경제적으로 넉넉하지 않았지만, 타지에서 보증금과 월세를 부담하며, 가벼운 지갑으로 무거운 정을 나누는 그들의 모습이 마음에 걸렸다. 그래서 쉬는 날이면 가끔 밥을 사주기도 했다.

어느 날, 어머니에게 이들 이야기를 전했다. 대화 중 스쳐 지나가는 말이었는데, 아들을 사랑한 어머니는 그 말을 깊이 새겼다. 12월 초, 어머니가 신임 순경 세 명을 집으로 데려오라 하였다. 밥이라도 챙겨 주고 싶다는 것이었다. 원래 어머니는 정(情)이 많아 작은 것이라도 나누는 것을 즐겼고, 연민(憐愍)의 마음도 깊었다. 젊었을 때는 길거리에서 술에 취해 힘들어하는 사람을 보면 다가가 등을 두드려주고, 사고를 당하지 않도록 인도로 이끌기도 하였다. 그 사람은 모르는 사람이었다.

초대를 받은 세 명의 동료와 나는 근무를 마치고 집에 갔다. 어머니는 이미 밥상을 차리고 횟집에서 푸짐한 회까지 준비해 두었다. 처음에는 '저걸 누가 다 먹나?' 싶었지만 젊은이들이라 그런지 금세 접시가 비워졌다. 그 모습을 바라보며 지은 어머니의 미소가 기억난다.

그로부터 얼마 지나지 않은 연초 팀 회식 자리에서, 나는 평소와 달리 주량을 조절하지 못했다. 정신을 차려 보니 어머니가 문을 열어 주고 있었고, 내 옆에는 한 명의 신임 순경이 나를 부축하고 있었다. 뒤에는 또 다른 신임 순경 한 명이 따르고 있었다. 그들이 한 달 전 방문했던 우리 집을 기억한 것이었다. 어머니는 나를 데려다준 두 명의 동료에게 "고마워요. 정말 고마워요." 하며 연신 감사를 표했다. 차라도 마시고 가라며 들어오라고 하였지만, 그들은 잠깐 앉아 있다가 자리를 떴다. 어머니의 측은지심이 결국 나에게 큰 덕이 되었던 셈이다.

타지에서 경찰을 시작한 두 명의 신임 순경은 세월이 흘러 각자의 고향으로 돌아갔다. 비록 모두 흩어졌지만, 옛정이 생각날 때 편하게 연락하고 지낸다.

기동대 중대장으로 부임했을 때였다. 운전반장 일화를 소개했던 부대가 아닌 다른 부대였다. 이곳에는 나보다 일곱 살 어린 소대장이 있었다. 같은 대학을 졸업한 후배로 키도 크고 잘 생겼지만, 얼굴은 밝아 보이지 않았다. 부대의 다른 경찰관에게 물어보니 평소 말수가 적고 내성적이라는 답이 돌아왔다. 그래서인가 보다 했다. 며칠 지켜보니 근무태도가 누구보다 성실했다. 칭찬이 필요하다는 생각에 중대장실로 불렀다.

"요새 보니 너만큼 성실한 직원이 없다. 네가 당직하는 날에는 나도 마음 편히 잘 수 있을 것 같아."

이 말을 들은 그의 얼굴이 환해졌다. '웃을 줄 아네.' 싶었다. 이후로도 나는 그를 보며 여러 번 칭찬했다. 한 달쯤 지난 뒤, 다른 경찰관과 대화하던 중이었다. 운동장에서 대원 교양을 하던 그를 본 동료가 말했다.

"요새 ○ 소대장 밝아졌네요."

"그렇죠. 저도 그렇게 느껴요. 워낙 성실해서 전에도 인정 받았겠어요."

당연히 그렇다는 대답을 기대했지만, 동료는 잠시 머뭇거리다 의외의 말을 전했다.

"아니요. 중대장님 오시기 전에는 움츠려 있었어요."

내성적인 성격 때문에 전 중대장에게 신임을 얻지 못했고,

대신 외향적인 소대장이 총애를 받았다고 했다. 공교롭게도 두 사람은 같은 대학 출신이었기에, 비교로 인한 상처가 더 컸을 것이다. 이 말을 듣고 나서 그가 더 신경 쓰였다.

그는 근무 나가기 전에 대원들을 모아 주의사항을 교양했다. 형식적인 절차로 치부될 수 있었지만, 시기마다 달라지는 주의사항들을 꼼꼼히 전달했다. 점호 전에도 당직실에만 머무르지 않고 부대를 돌아다니며 이상 여부를 살폈다. 이런 일들은 솔직히 열심히 한다고 티 나지 않는다. 아무 일 없으면 잘했는지도 모른다. 하지만 그는 묵묵히 할 일을 했다.

아부란 것도 할 줄 몰랐다. 아주 낯간지러웠던 모양이다. 그를 칭찬해도 그 자리에서 고맙다고 할 뿐, 따로 호감을 표시한 적은 한 번도 없었다. 그의 진심은 다른 동료의 말을 통해서야 들을 수 있었다.

"○ 소대장이 중대장님 정말 좋아해요. 만나서 행운이라 하더라고요."

내가 상사에게 그런 감정을 느꼈다면 기회를 봐서 직접 말했을 것이다. 실제 그런 상사가 있으면 식사나 결재 시간에 내 감정을 표시했다. 하지만 그는 그마저도 서툴렀다. 오히려 그런 투박함이 좋았다. 진심은 겉으로 드러나는 말보다, 성실한 태도에서 더 명확히 보였기 때문이다.

그가 소대장 임기를 마치기 전, 주말에 우리 집으로 초대해 함께 식사했다. 아직 걸음마도 떼지 못한 나의 첫째 딸을 보며 "공주님, 예쁘네."라고 했던 말투와 몸짓이 기억난다. 사랑스럽게 표현해서가 아니었다. 마치 낯선 옷을 걸친 듯 어색했기 때문이다. 하지만 그 속엔 서툰 진심이 담겨 있었다. 감정 표현이 서툴렀기에, 오히려 그 어설픔이 따뜻하게 느껴졌다.

몇 년이 지나고 문득 그가 떠올랐다. 전화했더니 반갑게 받았다.

"요즘 어디서 근무하니?"

"저, 지금은 다른 일 합니다."

나 같으면 무슨 일인지 곧바로 말했을 텐데, 그는 덧붙이지 않았다.

"그래? 무슨 일?"

"금융감독원에 있어요."

물어보면 단답형으로 대답하는 것은 여전했다. 몇 가지를 더 물어본 뒤 "잘 선택했다."라며 그의 행복을 빌어 주었다. 그 뒤로 내가 두어 번 연락했지만, 그는 받지 않았다. '경찰'이라는 조직이 진절머리가 난 것일까? 그가 경찰을 등진 것인지, 경찰이 그를 품지 못한 것인지, 아니면 둘 다인지 모르겠다.

혹자는 그를 '조직 생활을 잘 모르는 사람'이라고 할지도 모르겠다. 그렇다면 반문하고 싶다.

"상사에게 밥 잘 사고 마음에도 없는 칭찬을 늘어놓는 것이 조직 생활을 잘하는 것인가?"

인사권자가 그런 사람만 중용한다면 조직은 병든다. 결국 그렇게 올라간 사람이 또 지휘부가 되고 그 굴레는 반복된다. 비극이다.

내 아이처럼
그 아이를 찾았다

30대 초반 경감 시절, 경찰교육원 발령을 받았다. 이곳은 전국의 현직 경찰관을 교육하는 경찰청 직속 직무 교육기관으로, 현재는 경찰인재개발원으로 명칭이 변경되었다. 이 기관은 내가 희망해서 간 곳이었다. 보직은 교수요원이었는데, 지금의 직업인 대학 교수의 피가 그때부터 조금은 흐르고 있었나 보다.

문제는 경찰교육원이 충남에 자리 잡고 있어 수도권 집에서 출퇴근할 수 없었다는 점이었다. 당시 우리 부부에게는 두 살 된 딸이 한 명 있었고, 중학교 보건교사였던 아내는 육아를 위해 휴직 중이었다. 다행히 교육원에서 1km 정도 떨어진 곳에 아파트 네 동으로 이루어진 관사 단지가 있어, 가족과 함께 그곳에 입주하기로 했다. 다만, 이전에 근무하던 교수요원이 바로 관사를 비울 수 없어 그가 새집을 구할 때까지 기다려야 했다.

그동안 나는 교육원에서 교육받으러 온 경찰이 쓰는 생활관의 빈방에서 혼자 지냈고, 주말마다 아내와 딸을 보러 오르락내리락했다. 빨리 관사가 비기를 기다리며 한 주 한 주를 보내다 보니 한 달이 훌쩍 지나 있었다. 두 달쯤 지났을 때 교육원 총무과로부터 드디어 관사가 배정되었다는 소식을 들었다. '이제 가족과 함께 살 수 있겠구나.'

이사하는 날 관사를 둘러본 아내의 표정에는 좋으면서도 아쉬운 감정이 교차했다. 대놓고 말은 하지 않았지만 아마 이런 생각이었던 것 같다.

'이 집에서 지내는 건 괜찮겠지만, 이곳에 오래 살 용기는 선뜻 나지 않는다.'

27평의 관사는 세 가족이 살기에 충분했다. 경찰교육원이 인천에서 충남으로 이전한 지 1년여밖에 되지 않아 관사도 새집처럼 깨끗했다. 다만 뒤로는 산을 등지고 앞에는 넓은 논밭이 펼쳐져 적막했다. 300m 정도 걸어 내려가면 작은 시골 슈퍼마켓이 하나 있었다. 대형 마트나 기업형 슈퍼마켓이 아니라 서너 평 남짓해 보이는 규모였다. 대형 마트를 가려면 차로 약 8km를 가야 했다. 몇 안 되는 근처 식당들도 대부분 교육원에 잠깐씩 들어오는 현직 경찰관의 저녁 술자리를 위한 곳이었다. 아무리 봐도, 서른 살밖에 안 된 아내가 좋아할 만한 환경은 아니었다.

그때 아내가 얼마나 심심했을까 싶다. 할 게 마땅찮았던 그는 8km 떨어진 대형 마트의 문화센터에서 어린아이와 함께 하는 놀이 프로그램을 듣기 시작했다. 사실 함께 하는 놀이라기보다는, 두 살 딸이 심심할까 봐 데리고 다닌 것에 가까웠다.

퇴근 시간이 되면 아내는 딸을 유모차에 태우고 교육원 입구까지 1km를 걸어왔다. 관사에서 교육원까지는 평지가 아니라 오르락내리락하는 경사진 길이었다. 힘들 텐데 그만 오라고 해도 그는 자주 마중 나왔다. 왜 이렇게까지 하냐고 물으면 "심심해서."라고 했지만, 나는 그저 고마웠다. 아내와 어린 딸이 함께한 1km의 퇴근길은 외롭지 않았다. 주변에 논밭과 몇몇 식당뿐인 곳에서 말벗의 존재 자체가 큰 즐거움이었다.

그러다 보니 유모차를 끌고 교육원까지 오가는 젊은 엄마의 모습은 관사 단지에서도 잔잔히 소문난 모양이었다. 어느 날 한 교수요원이 내 퇴근길 얘기를 듣고는 말했다.

"아내가 그러는데, 예쁘장한 새댁이 유모차에 어린애 태우고 자주 학교 쪽으로 간다더라고. 누군지 궁금했는데, 네 아내였구나."

몇 달이 지난 어느 날이었다. 이날은 아내가 저녁 준비로 바빠 마중 나오지 못하겠다고 했다. 그래서 혼자 자동차를 몰고 퇴근하던 중이었다. 관사 단지에 거의 도착했을 무렵, 평소 조용해야 할 관사 단지가 왠지 모르게 시끌시끌했다. 단지 초입의 경비초소 앞에는 여러 명의 엄마가 모여 있었고, 나이 지긋한 경비원은 어쩔 줄 몰라 하는 모습이었다. 평소 같으면 그냥 지나쳤겠지만, 이날은 속도를 줄이며 무슨 일인지 살펴보았다.

경비초소에서 약 20m 정도 올라간 인도 위에 교수요원 한 명이 안절부절못하며 서 있는 게 눈에 들어왔다. 그는 나보다 네 살 많은 대학 선배였다. 분명 무슨 일이 있다는 직감이 들어 차를 세우고 다급히 물었다.

"선배님, 무슨 일이에요?"

"아악, 어떡해…. 우리 애가. 우리 애가…."

　그의 네 살 된 딸이 집을 나간 후 어디 있는지 모르는 상황이었다. 저녁 6시가 조금 넘은 시각이었고, 다행히 초여름이라 해가 길었다. 해지기 전에 반드시 찾아야 한다는 생각이 들었다. 게다가 그는 운전조차 제대로 할 수 있는 상태가 아니었다.

　"선배님, 타세요! 같이 찾으러 가요."

　그는 곧바로 조수석에 탔고, 나는 관사 아래쪽으로 차를 돌렸다. 혹시라도 지나가는 아이를 놓칠까 봐 속도를 줄이고 양쪽 인도를 샅샅이 살폈다. 그러면서 선배에게 조심스레 딸이 어디로 갔는지 물었다. 선배는 떨리는 목소리로 말했다.

　"○○라고 두 살 많은 ○경사님 딸이 있어. 그 애랑 같이 경비초소 앞을 지나가는 걸 경비 아저씨가 봤대. 두 시간 전쯤."

　"경찰 신고는요?"

　"했어. 애 엄마는 경찰 오면 같이 찾을 거야."

　얼마나 떨렸을까. 사실 '떨렸다'라는 말로는 아이 잃은 부모의 감정을 온전히 표현하기에 너무 부족하다. 아니 적절하지 않다. 심장이 멈춘 것 같지 않았을까. 그런데도 그는 무너지는 마음을 겨우 붙잡고 최대한 상황을 설명하려 애썼다. 평소 그는 온화했으며, 감정에 휘둘리지 않고 이성적으로 판단하는 평정심과 냉철함이 돋보였다. 하지만 이 순간만큼은 예외였다. 그는 차 안에서 떨며 울먹였고, 그 와중에도 눈물을 참으려는 모습이 역력했다.

관사를 빠져나와 삼거리에 다다르자 난 교육원 방향이 아닌 시내 방향으로 차를 몰았다. 교육원 쪽은 사람이 많아 누군가 봤을 가능성이 컸고, 위험한 곳으로 빠질 우려도 적었다. 시간상으로도 두 시간 안에는 돌아올 수 있었다. 우리는 시내 방향으로 수백m 더 천천히 주행하며 아이를 찾았지만 보이지 않았다.

이내 사거리에 다다랐고 그 옆에는 주유소가 있었다. 그는 바로 차에서 뛰어내리듯 내려, 주유소 사장에게 딸과 비슷한 아이를 보았는지 다급히 물었다. 사장은 "아이고, 이걸 어째." 하며 안타까워했지만, 여섯 살, 네 살 아이 무리는 보지 못했다고 했다.

나는 이제 어느 방향으로 가야 하나 고민하고 있었다. 그

때였다. '어? 저기…. 오!' 내 눈에 자그마한 아이 두 명이 인도를 따라 걷고 있는 모습이 보였다. 주유소 옆 4차로 건너편 인도였다.

"선배님. 저기요! 저기!"

나는 다급한 마음에 연신 오른팔로 아이들이 있는 방향을 가리켰다. 그는 건너편 인도를 확인하더니 순간적으로 안도의 한숨을 쉬는 듯했다. 그리고는 곧바로 딸의 이름을 부르며 차도를 뛰어 건넜다. 그가 딸을 품에 안는 모습이 보였다. 정작 딸은 '아빠가 왜 이러지?' 하는 표정이었다. 함께 있던 동네 언니도 마찬가지였다.

알고 보니, 그 언니가 밖에서 놀던 선배의 딸을 보고 같이 놀러 가자 했던 것이었다. 그들이 다녀온 곳은 인근 초등학교였다. 말이 인근이지 관사에서 2km 정도 떨어진 작은 분교였다. 네 살 된 그의 딸은 여섯 살 된 동네 언니를 따라 무작정 걸어갔다 온 것이었다. 어린아이들이 관사에서 벌어진 난리를 짐작이나 했겠는가?

그는 곧바로 아내에게 전화해 아이를 찾았다고 전했다. 선배의 아내는 다른 엄마의 차를 얻어타고 달려와 딸을 품에 안았다. 관사로 돌아갈 때는 내 차를 함께 타고 갔다. 그때 선배 아내의 모습이 기억에 생생하다. 이미 울다 지쳐 눈이 통통 부어 있었고, 차 안에서도 울음을 멈추지 못했다. '혹시 우리 애 잘못되면 어떡해?'하는 공포, 그리고 '우리 아이를 지켜 준 신이시여, 감사합니다.'라는 안도감을 모두 느낄 수 있었다. 그게 부모의 마음이리라.

아이를 찾아다니던 중, 아내에게서 전화가 왔다.

"저녁 차려놓았는데 왜 안 와?"

나는 짧게 대답했다.

"선배 아이가 없어져 같이 찾고 있어."

아내는 깜짝 놀라며 말했다.

"어머, 어떡해? 어서 찾아."

그리고는 서둘러 전화를 끊었다. 아이를 키우는 부모라면, 아니 세상 어느 나라 부모라도 아이가 사라졌다는 말에 느끼는 감정은 다르지 않을 것이다. 그것은 말로 표현할 수 없다. 내가 선배와 같이 아이를 찾으러 다닌 것은 단순한 협조가 아니라, 부모로서의 공감에 기인한 간절함의 표현이었다.

세월이 흘렀다. 그도 나도 경찰교육원을 떠나 수도권으로 올라간 지 몇 년 흘렀다. 우연히 다른 선배에게서 듣고 알았다. 그가 사는 집이 바로 우리 아파트 건너편이었다. 난 반가운 마음에 바로 전화를 걸었고 그도 신기한 우연에 놀라워했다.

얼마 뒤 선배 아내의 초대로 가족끼리 만나 저녁을 먹었다. 그때 본 그의 딸은 이미 초등학교 고학년이 되어 훌쩍 자라 있었다. 그의 아내가 나를 '그때 그 아저씨'라고 소개하자 딸은 공손하게 허리 숙여 "감사합니다."라고 인사했다. 정말 바르게 잘 자랐다. 마침, 내 동생이 근무하는 초등학교의 학생이어서 알게 되었는데, 똑 부러진 성격으로 후일 교내 총학생회 부회장까지 맡았다고 했다. 아빠를 닮은 듯했다.

『Job Readiness for Health Professionals: Soft Skills Strategies for Success(의료 전문가를 위한 직무 준비: 성공을 위한 대인관계 전략)』에서 미국의 영화배우 메릴 스트립(Meryl Streep)은 진심 어린 공감의 중요성을 강조하며 다음과 같이 말했다.

> "The great gift of human beings is that
> we have the power of empathy."
>
> 인간에게 주어진 가장 위대한 선물은 공감할 수 있는 능력이다.

청장님,
저는 받지 않겠습니다

경찰에서 경정(무궁화 세 개, 경찰서 과장 직위)은 '피를 흘리지 않는 전투'가 벌어지는 계급이다. 그 바로 위가 총경으로, 경찰서 장직을 맡을 수 있는 계급이다. 경찰의 가장 낮은 계급인 순경부터 경장, 경사, 경위, 경감, 그리고 경정까지는 시험을 통해서도 승진할 수 있다. 하지만 경정에서 총경으로 오르는 단계부터는 오로지 심사승진만 가능하다.

서울을 제외하고 광역시와 도 단위 지방경찰청에서 총경으로 승진하는 경정은 매년 한 자릿수에 불과하다. 그래서 경정 중 경찰서 과장으로서 총경으로 승진하기는 '하늘의 별 따기'에 비유된다. 현실적으로 승진 가능성을 높이기 위해서는 지방경찰청 계장으로 발탁되어 주요 인사권자인 지방경찰청장의 눈에 들어야 한다. 이 때문에 매년 수많은 경찰서 과장들이 몇 안 되는 청의 계장 자리를 놓고 치열한 경합을 벌인다. 승진이 아니라 같은 계급 안에서의 근무지 이동에 불과한데도 그렇다.

지방경찰청 계장으로 근무하던 때였다. 그 자리는 15명의 경정과 경합 끝에 발령받은 자리였다. 나를 임명한 지방경찰청장(치안정감, 태극무궁화 세 개)은 인사 시즌에 다른 보직으로 이동하고, 새로운 지방경찰청장이 부임했다. 치안정감은 경찰에서 단 일곱 명뿐인 최고위직으로, 그 위에는 오직 치안총감인 경찰청장 단 한 명만 존재한다. 즉, 그는 경찰 내 2인자에 해당했다.

경위 이하 실무자 인사 시즌이 시작되었다. 우리 계에도 공석이 생겨 한 명을 충원해야 했다. 실무자 인사도 직위공모를 통해 진행되었다. '어느 계의 어느 직위에 한 명 공모'라는 공지를 경찰 내부망에 올리면, 그 직위를 희망하는 경찰들이 지원서를 제출하고, 면접이나 서류심사를 거쳐 적합한 사람을 선발하는 방식이었다.

우선 직위공모를 낸 부서에서 적합하다고 판단한 지원자를 1~3순위로 추천했다. 이후 지방경찰청 부장(경무관, 태극무궁화 한 개)의 검토를 거쳐 최종 인사권자인 지방경찰청장이 한 명을 지명하여 발령이 이루어졌다. 계장(경정) 직위의 경우 경합이 치열해 지방경찰청장의 의중이 매우 중요했지만, 실무자 인사에서는 그렇지 않았다. 현실적으로 지방경찰청장이 관할 내 수천 명의 경찰 중 특정 실무자를 알기는 어렵기 때문이었다. 그래서 직위공모를 낸 부서에서 1순위로 추천한 지원자가 통상적으로 발령되었다.

직위공모를 진행한 결과 네 명이 지원했다. 계장인 나는 이들 중 누구와도 같이 근무한 적이 없었다. 그래서 사무실 실무자들에게 물어봤지만, 그들 역시 잘 알지 못했다. 나와 우리 사무실 직원들은 지원자와 같이 근무한 경험이 있는 동료들에게 물어 지원자의 평판을 파악하고, 적합한 경찰을 선택하기로 했다. 알지 못하는 직원을 알아보는 통상적인 방법이었다.

그때 과장(총경, 무궁화 네 개)이 전화로 나를 호출했다. 과장실로 올라가니 과장은 무엇인가 빼곡히 프린트된 A4 용지를 건네주었다.

"과장님. 이게 뭡니까?"

"어떤 직원이 청장님(지방경찰청장)에게 메일을 썼어. 자네 계에 가고 싶다네."

직원이 내부망 메일로 청장님에게 보낸 일종의 '인사 희망서'였다. 빠르게 훑어보니, 우리 사무실과 관련된 업무 경험은 전혀 없었지만, 업무에 대한 열의와 시민에 대한 애정이 가득 담겨 있었다.

"청장님은 메일 내용만 봐도 아주 괜찮은 직원 같다고 하셨어. 가능하면 이 사람으로 받으면 좋겠다고 하셨지."

'가능하면'이라는 말이 붙었지만, 인사권자의 의중이니 사실상 '확정'이라고 생각했다. 메일을 읽은 나 역시 첫인상이 좋았다.

'이 정도 열의와 시민을 생각하는 마음이라면, 비록 우리 업무 경력이 없더라도 잘할 것이다. 우수한 직원이 지원했군.'

메일을 받아들고 사무실로 돌아온 나는 잠깐 회의하자며 사무실 직원들을 불러 모았다. 지원자 중 한 명이 청장님께 장문의 메일을 보냈고, 청장님이 흡족해하며 그를 받았으면 한다고 언급한 사실을 전했다. "굳이 여기저기 알아볼 필요 없겠다."라는 의미로 한 말이었다. 그런데 한 경위가 갑자기 난색을 보였다.

"하필 이 직원인가요? 제가 아는 두 사람에게 물어봤는데 평이 다 안 좋아요."

다른 경위도 거들었다.

"같이 근무한 직원에게 이름을 말했더니, 그 사람은 절대 받지 말라고 하더군요."

경찰 대부분은 인사 시즌에 누군가에 대한 평을 묻는 전화가 직위공모와 관련되어 있음을 알고 있었다. 그래서 거의 다 "괜찮은 사람이다."라고 긍정적인 평가를 했다. 부정적인 평가는 불필요한 갈등을 만들 수 있기 때문이었다. 특히 언젠가 함께 근무하게 될 가능성이 있는 조직 문화에서는 더더욱 그러했다.

그런데도 부정적인 반응이 여러 명에게서 나왔다면, 분명히 확인할 필요가 있었다.

그와 근무한 경력이 있는 관리자 중, 나도 아는 사람들을 추려 전화를 걸었다. 첫 반응부터 예상을 뛰어넘었다.

"누구요? 차라리 한 명 없는 게 낫습니다."

그리고는 구체적인 사례를 들려주었다. 그 순간, 받고 싶은 마음의 불씨가 확 꺼졌다. 다른 관리자에게도 물었지만,

평가는 좋지 않았다. 정도의 차이는 있을지언정 '괜찮은 사람이다.'라는 말은 끝내 듣지 못했다. 나와, 인맥이 넓은 사무실 경위들이 함께 알아본 결과, 십여 명에게서 들은 평가 중 그나마 나은 반응은 "잘은 몰라요. 아마 어디에서 오래 근무했을 텐데, 거기 물어보세요." 정도의 회피성 답변이었다.

이제는 결정해야 했다. 같은 사무실의 경위들이 "절대로 함께 일하고 싶지 않다."라는 의사를 표시하는 것까지 고려한다면, 이 지원자를 배제하고 나머지 세 명 중에서 가장 적합한 사람을 선택하는 것이 옳았다. 하지만 지금은 상황이 달랐다.

잠시 고민했다. 그때 머릿속에 스친 말이 있었다.

"어려울 때는 원칙으로 가라."

나는 곧장 과장실에 들어갔다.

"과장님. 이 직원은 받기 어렵겠습니다."

과장은 놀란 눈치였다. 나는 우리가 확인한 평판을 세세히 보고했다. 과장은 입을 굳게 다문 채 잠시 말을 아꼈다. 침묵이 흐르자 나는 덧붙였다.

"솔직히 그냥 받을 수도 있습니다. 하지만 청장님도, 과장님도, 저도 이 자리에 얼마나 더 있을지 모릅니다. 하지만 사무실 직원들은 승진하거나 제 발로 나가지 않는 한 몇 년을 이 사람과 함께 일해야 합니다."

나와 과장은 동료들의 평가에 대해 조금 더 대화를 나눴다. 잠시 후 과장이 결단을 내렸다.

"이 직원에 대한 동료 평가를 A4 한 장으로 정리해 와. 내가 청장님께 보고할게."

나는 사무실로 돌아와 즉시 문서를 작성한 뒤 다시 과장실에 들어갔다. 과장은 문서를 꼼꼼히 읽고 몇 가지 궁금한 점을 묻더니 자리에서 일어났다.

"다녀올게. 황 계장은 사무실로 돌아가 기다려."

기다리는 시간이 참 길게 느껴졌다. '청장실에서는 과연 어떤 대화가 오가고 있을까?' 사무실 직원들도 일이 손에 잡히지 않는지 커피를 들고 들락날락, 담배를 피우러 나갔다 오기를 반복했다.

30분쯤 지났을까? 과장이 청장실에서 내려왔다. 난 그의 얼굴을 유심히 살폈다. 무슨 말을 들을지 궁금해서 속이 타

들어 갔다.

"다들 모여 봐. 청장님이 이 직원 받지 말라고 하셨다."

안도의 한숨이 나왔다. 일단 상황은 잘 마무리되었다. 그런데 과장이 30분이나 지나 내려온 것이 마음에 걸렸다. 그래서 물었다.

"과장님. 청장님이 오래 고민하신 건가요?"

"아니야. 앞에 다른 보고자들이 있어 기다린 거야. 내가 얘기하자마자 "그럼 받지 말아야지." 하시더라고. 보고는 금방 끝났어."

그렇게 소위 인사 파동은 마무리되었다. 하지만 일이 끝난 후에도 나를 걱정스럽게 바라보는 사람들이 있었다. 소문이 퍼졌는지 과장이 청장에게 보고를 마친 직후, 한 계장이 나를 찾아왔다. 그는 직설적인 성격의 사람이었다.

"황 계장, 그냥 받았어야지. 다른 사람도 아니고 청장님이 말씀하셨잖아. 승진 안 할 거야?"

일리 있는 말이었다. 하지만 나는 '어려울 때는 원칙으로 가야 한다.'라고 판단해 내린 결정이었다. 어찌 될지 모르는 나의 승진을 위해 같이 일해야 할 계원들의 몇 년을 담보로 잡을 수는 없었다.

나라고 보이지 않는 인사 불이익이 두렵지 않았던 것은 아니었다. 애써 두려움을 외면하려 노력하고 있었을 뿐이었다. 그 두려움을 덜어 준 것은 한 가지 믿음이었다. 바로 사람에 대한 믿음, 지방경찰청장에 대한 믿음이었다. 그라면 권위를 앞세우기보다는, 나의 이유 있는 판단을 존중해 줄 것이라 믿었다.

그는 훌륭한 인격의 소유자였다. 말투는 온화하지만 기품이 있었고, 식당에서는 항상 줄을 서서 기다렸으며 직원들의 양보도 사양했다. 형식적인 의전은 부담스러워하며 금지했고, 직원들을 마주치면 먼저 안부를 물었다.

반면 업무적으로는 높은 완결성을 요구했다. 취임 직후 혁신의 첫 시도로 여러 부서를 총괄하는 하나의 업무를 제시했다. 그리고 총괄 부서로 우리 계를 지정했다. 기획계가 아닌 우리 부서를 지정한 것 자체가 이례적인 일이었다. 수십 페이지에 달하는 계획안을 처음 청장에게 보고했을 때, 그는 한 장 한 장 넘기며 수많은 지적을 했다. 하지만 한 번도 짜

증을 내지 않았다. 수많은 지적사항을 고쳐 며칠 뒤 다시 보고했다. 그는 또다시 차분하게 한 장씩 넘기며 계획안을 확인했다. 이번에는 지적이 거의 없었고, "진작 이렇게 해오지."라며 결재해 주었다.

얼마 뒤에는 다른 과의 대규모 조직과 우리 계가 관장하는 소규모 조직의 공동근무를 제안하기도 했다. 하지만 당시에는 현실적인 문제를 짚지 않을 수 없었고, 사실상 곤란함을 피력했다. 그런데도 그는 어떠한 불쾌함도 드러내지 않았다. 그런 지휘관이었다. 이런 과정이 쌓였기에 나는 그를 '합리적인 원칙주의자'라고 굳게 믿을 수 있었다. 그래서 남들이 "굳이 왜 그러냐?"라고 의아해했던 인사 건의조차, 주저 없이 드릴 수 있었다.

맹자(孟子)는 『맹자(孟子)』 공손추(公孫丑) 상편에서 판단의 기준을 상황이 아닌 의(義), 즉 원칙에 두어야 함을 강조했다.

"義之所在 不謂其難 而必爲之(의지소재 불위기난 이필위지)"
의로움이 있는 곳이라면 그것이 어렵다고 하더라도 반드시 행한다.

조직 생활을
잘한다?

'조직 생활을 잘한다.' 어떤 사람들은 이를 '사회생활을 잘한다.'라고도 표현한다. 사회생활 안에 조직 생활이 포함되니 그렇게 표현해도 틀린 말은 아니다. 그런데 이 말이 무슨 의미일까?

얼마 전 유명 동영상 플랫폼에서 한 출연자가 이에 관해 언급한 영상을 보았다.

"조직 생활 못 하는 사람 꼭 있어요. 위에서 하지 말라면 안 하면 되지. 자기 공 내세우려고 그것을 안 듣고….'

그러면서 그는 비난하고 싶은 사람을 '조직 부적응자'라고 표현했다. 여기에서 '조직 부적응자'는 사건을 수사하던 경찰관으로, 그는 범인을 검거한 후 기자회견을 하려다가 상부의 지시를 받고 내용을 축소할 수밖에 없었다. 하지만 사건 수사를 통해 공범까지 일망타진해야 한다는 의견은 굽히지 않았다. 결국 수사는 사실상 중단되었고 해당 경찰관은 다른 부서로 좌천되었다.

출연자의 말대로라면 수사 경찰관은 위에서 시키는 대로 수사를 그만두면 될 것인데, 그러지 않았으니 조직 부적응자라는 논리였다. '상명하복(上命下服)'을 생각하면 부하가 상사의 지시에 따르지 않았으니 그렇게 볼 수도 있었다. 하지만, 사안을 깊이 들여다보면 단순히 결론 낼 문제가 아니었다.

상사의 명령은 합법적이고 정당해야 한다. '합법정당상명하복(合法正當上命下服)'이라고 길게 부를 수는 없으니 '상명하복'이라 줄여 말할 뿐이며, 당연히 그 '상명'에는 합법성과 정당성이 전제되어야 한다. 나는 영상 출연자의 말을 듣는 순간 귀를 의심했다. 공격하고 싶은 대상을 흠집 내기 위해 '조직생활'이란 단어를 저렇게까지 왜곡할 수 있는가 싶었기 때문이다.

상사의 명령이라고 비판 없이 따르다가 문제가 발생하면, 결국 명령을 수행한 하급자만 피해를 본다는 인식은 어느 조직에서나 존재한다. 그래서 MZ 세대원들은 상사의 지시가 불법하거나 부당하다고 판단될 경우, 형식적으로는 따르는 모습을 보이되 실질적으로는 지시사항이 이행되기 어려울 정도로 소극적으로 임하는 경우가 많다. 그렇다면, 불법적이거나 부당한 지시를 한 상사가 문제인가, 아니면 소극적으로 임하는 하급자가 문제인가?

한 영상 출연자의 발언은 이 질문에 대한 답을 하급자의 잘못으로 몰아가려는 의도로 보였다. 그의 말에는 상사의 명령은 무조건 옳다는 믿음이 깔려있었다. 이러한 사고방식은 조직 구성원의 사고를 경직시키고, 결국 유연함이라고는 없는 조직을 만든다. 명령을 비판 없이 무조건 따르다 보면 불법적이거나 부당한 결과를 초래할 수 있으며, 이는 사회적으로도 비판받을 수밖에 없다. 이때 상사와 하급자 사이에 서로 책임을 떠넘기는 웃지 못할 행태가 발생하며, 이는 조직의 건강한 발전을 해치는 요인이 된다.

몇 년 전 인기리에 방영된 드라마 '스토브리그'가 떠오른다. 이 드라마는 매회 주연 배우가 맡은 야구단 단장의 대사들로도 유명했는데, 그중 한 구절이 잊히지 않는다.

"말을 잘 들으면, 부당한 일을 계속 시킵니다."

여기서 말을 잘 듣는다는 가정은 아무 비판 없이 말을 듣고 시키는 대로 따른다는 의미이다. 그러면 상사가, 비판 없이 모든 일을 따르는 부하에게 부당한 일까지 하도록 지시할 수 있다는 뜻이다.

'조직 생활을 잘하는 사람'이라는 개념은 '해는 동쪽에서 뜬다.'처럼 변하지 않는 절대적 진리가 아니다. 오히려 시대에 따라 변화해야 하는 판단의 영역에 속한다. 조선왕조는 고려 정권과의 단절 속에서 탄생했으며, 정통성을 확립하는 과정에 많은 어려움을 겪었다. 이들은 새로운 국가의 유지를 위해 성리학을 국가이념으로 선택했다. 군주와 신하, 부모와 자녀, 남편과 아내의 도리를 강조하며 상하 신분 관계에 기초한 규율을 강조한 데서 알 수 있듯, 기존 질서 유지에 유리한 이념적 측면이 있었다. 자연스레 선조들은 겸손한 자세로 상사의 지시를 충실히 따르는 하급자를 이상적인 인물로 여겼다. 대한민국 정부 수립 이후, 빠른 경제성장이 필요했던 시기에는 카리스마 있는 리더의 신속한 결단이 중요하게 여겨졌다. 이 과정에서 의견 수렴 절차는 종종 번거로운 것으로 간주하였고, 절차가 다소 불법적이거나 부당하더라도 결과만 좋으면 문제 삼지 않는 사회 분위기가 형성되었다.

그래서 '조직 생활을 잘하는 사람'은 상사의 지시를 비판 없이 따르고, '안 되면 되게 하라.'라는 태도로 임하는 사람을 의미해 왔다. 반면, 상사의 지시가 초래할 문제를 파악하고, 대안을 제시하는 사람은 오히려 '조직 부적응자'로 몰리기도 했다. 이러한 분위기를 본 다른 구성원들은 '학습효과'로 인해 의견 제시를 꺼리게 되었다.

하지만 시대가 변한 지금까지도 과거의 '조직생활론'을 적용한다면 다양한 문제에 봉착할 수밖에 없다. 이제는 고도성장의 시대가 지나가고, 조직 운영과정에서는 다수 구성원의 공감과 지지를 끌어내는 것이 더욱 중요해졌다. 현대의 리더는 '선택받은 우월 인자'로서 독단적으로 의사를 결정하고 끌어가기를 요구받지 않는다. 구성원의 의견을 듣고 반영하는 '대표자'로 일할 것을 요구받는다. 리더가 이 역할을 잘할 수 있도록 보좌해야 할 하급자도 이러한 시대 변화에 맞춰 변해야 한다.

진정으로 조직이 성장하고 발전하려면 상사의 명령을 무작정 따르는 하급자가 아니라, 필요할 때 의문을 제기하고 더 나은 방향을 고민할 수 있는 하급자를 육성해야 한다. 그런 하급자가 진정으로 조직을 사랑하고 발전시킬 수 있는 사람, 즉 '조직 생활을 잘하는 사람'이다.

같은 아빠, 다른 시선
변해가는 시대의 온도

나는 남성이기에 당연히 출산한 적은 없다. 하지만 아내가 고통스럽게 아이를 출산하는 과정을 세 번 지켜봤다. 40주간 힘들게 아이를 품었던 아내가 진통을 느끼고 병원 침대에 누워 사투 끝에 아이를 낳았다. 아이를 낳았다고 금세 쌩쌩하게 일어나 집으로 돌아가는 것이 당연히 아니지 않은가? 남편이 곁에서 돌봐야 한다. 「국가공무원복무규정」은 국가공무원에게, 공무원이 아닌 한 여성의 남편으로서, 당연한 의무를 다하라고 '배우자 출산휴가'를 규정하고 있다.

현재 배우자 출산휴가 일수는 20일이며, 한 번에 다 쓰지 않고 나눠 사용할 수도 있다. 2025년 2월 개정 전에는 휴가 일수가 10일이었다. 이는 일에만 치우쳐 있던 우리나라 남성의 무게 중심을 가정으로 옮겨, 일과 가정의 균형을 이루도록 한 취지이다. 좀처럼 나아지지 않는 우리나라의 저출생 문제를 해소하기 위한 하나의 대책이기도 하다.

이 기간이 충분한지 부족한지는 각자의 판단에 달려 있지만, 남편이 이 기간에 여유롭게 쉬는 것은 아니다. 산후조리원이든 가정이든, 몸을 추스르는 아내의 산후조리를 돕고, 회복 중인 아내와 함께 스스로는 아무것도 할 수 없는 신생아를 돌봐야 한다. 나는 많이 잤지만….

아내가 첫째 아이를 출산했을 때 나는 기동대 중대장(경감)이었다. 마침 아내가 휴일 새벽에 진통을 느껴 바로 집에서 병원으로 이동할 수 있었다. 아내는 고생 끝에 아이를 출산했고, 첫째 아이는 기대보다도 더 예뻤다. 주변 사람들 모두 축하해 주었고, 나는 행복했다.

출산일이 휴일인 점도 행운이었다. 덕분에 남편으로서, 아빠로서 직장에 신경 쓰지 않고 종일 책임을 다할 수 있었다. 황금 같은 휴일이 지나고 월요일 아침이 되었다. 부대에 배우자 출산휴가 3일을 상신해 달라 부탁한 뒤, ○○경찰대 경무과장에게 전화해 결재 과정에서의 협조를 구했다. 당시 국가공무원의 배우자 출산휴가 일수는 단 3일에 불과했다. 요즘 임명된 국가공무원이 들으면 깜짝 놀랄 일수일 것이다. 경무과장은 "아빠 된 것을 축하해."라며 잘 쉬고 오라고 하였다. 잠시 후 있을 전화는 전혀 예상도 하지 못한 채.

경무과장과 통화한 지 두어 시간 뒤, 휴대전화가 울렸다. 발신자는 경무과장이었다. '축하한다며 휴가 잘 다녀오라고 했던 그가 왜 전화했을까?' 생각하며 전화를 받았다. 그는 다소 난처한 목소리로 말했다.

"황 대장, 아내랑 아기 다 잘 있지?"

"네. 그럼요. 그런데 무슨 일 있습니까?"

"저…. 다들 괜찮으면 내일은 좀 나오지."

경무과장은 월요일 아침, 내가 배우자 출산휴가 3일을 상신했다는 내용을 경찰대장(총경, 경찰서장급)에게 보고했다. 그런데 경찰대장은 승인하면서도 다소 어이없다는 듯 이렇게 말했다고 했다.

"애는 아내가 낳지, 자기가 낳았대?"

이 말을 듣고 나는 말문이 막혔다. 아이는 아내가 낳았으

니, 경찰대장의 질문에 O, X로만 답하라면 물론 X다. '그러니까 출근하란 말이지.'

그와 나는 25년가량의 나이 차이가 있으니, 조금 덧붙여 한 세대 차이라 할 수 있었다. 다른 시대를 살아온 그와 내가 '문화적 충돌'을 겪고 있는 것 같았다. 그러나 아무리 '문화적 충돌'이라 해도, 당장 출근하고 싶은 마음은 들지 않았다. 옆에서 내 전화를 듣고 있던 아내가 말했다.

"나가야 하면 나가. 당신 일이 중요하지."

그 말을 듣자 왠지 모를 오기가 생겼다. 규정상 보장된, 솔직히 길지도 않은 휴가를 쓰겠다고 했을 뿐인데, '애는 아내가 낳았다.'라는 말로 압박을 받는 게 지나치다고 느껴졌다. 막 출산한 아내 곁에 하루도 편히 있을 수 없는 내가 처량했고, 이런 상황을 담담히 받아들이는 아내의 모습이 안타깝기도 했다. 고민 끝에 나는 경무과장에게 다시 전화했다.

"휴가 다시 상신하겠습니다. 내일까지 이틀 쓰고, 모레 출근하겠습니다."

소심했던 나의 허망한 결정이었다. 기동대 중대장이 자리를 비우면 선임 소대장이 대리하는 것이 기본 지침이었고,

이때도 그렇게 조치했다. 그러나 지휘관들은 기동대 중대장이 자리를 오래 비우는 것을 불안해했다. 수많은 대원 관리에 빈틈이 생길 수 있다는 우려 때문이었다. 경찰대장의 말도 그런 우려에서 비롯된 것으로 생각하며, 휴가 일수를 하루 줄였다.

반면 1일로 끝났을 휴가 일수를 2일로 하루 더 확보한 것은, 힘들게 회복 중인 아내 곁에 있고 조금이라도 더 있고 싶어서였다. 하루만 쉬고 출근하기에는 아내에게 미안했다. 또 '출산한 아내를 두고서까지 직장에 충성하는 것'을 미덕으로 여기는 기성세대의 인식이 바뀌어야 한다는 점을, 소심하게라도 드러내고 싶은 마음도 있었다.

월요일 경무과장의 전화를 옆에서 듣고 '직장에 나가 보라.'고 말했던 아내는 사실 이렇게 덧붙였다.

"그런데 당신네 조직, 경찰, 너무한다."

그로부터 2년 뒤, 나는 다른 곳에서 근무 중이었는데, 이번에는 나의 직속 상사(경정)가 배우자 출산휴가 10일을 모두 쓰고 돌아왔다. 당시 법상 출산휴가 일수는 10일까지 확대된 상태였다. 그는 늦둥이로 넷째 아이를 얻었고, 아내 역시 노산(老産)이었다. 하지만 그는 휴가를 마친 후 예상하지 못한 어려움을 겪었다. 그의 상사(치안감, 태극무궁화 두 개)가 열흘을 모두 쉬었다는 이유로 '보이지 않는 차별'을 드러냈기 때문이었다.

"잘 쉬고 오니 좋더냐?"

직속 상사는 복귀 후 참모 회의 석상에서 이런 비아냥을 들었고, 간부들과의 식사나 회식 자리에도 불려가지 못했다.

그로부터 다시 2년이 흘러 내 아내는 둘째 아이를 출산했다. 첫째 때와 달리 출산일은 평일 새벽이었다. 출근해야 했던 나는 아침에 경찰서장(총경)에게 전화했다. 이때는 내가 경찰서 경무과장(경정)이었다.

"황 과장, 축하해. 그리고 아내 잘 돌봐줘. 힘들 거야."

서장의 따뜻한 말이 의외였다. 아마 첫째 때의 경험과 직속 상사가 겪었던 일을 떠올리며 기대치를 낮췄던 때문일 것이다. 그의 말 한마디 덕분에 나는 마음 편히 아내 곁에 있을 수 있었다. 그런데 산후조리원 정문으로 경찰 한 명이 찾아와 포장된 미역을 건넸다.

"고맙게 이런 것까지 들고 오셨어요?"

"제가 산 건 아니고, 서장님이 보내셨어요."

그는 정이 많은 리더였다. 나는 배우자 출산휴가를 끝까지 쓰지 않고 복귀했다. 그것이 내가 할 수 있는 작은 보답이었다.

2년 뒤, 내 아내는 셋째 아이를 출산했다. 이번에도 상사는 달랐지만, 출산을 알렸을 때의 반응은 둘째 아이 때와 비슷했다. 마음 편히 산모 곁에 있을 수 있도록 말해 주었다. 모든 경찰관이 그가 화내는 것을 본 적이 없다 할 정도로 그 또한 평정심 가득하고 마음이 따뜻한 리더였다.

생각해 보았다. 세 번의 아내 출산과 배우자 출산휴가 상신, 그런데 같은 상황에서도 지휘관들의 반응은 왜 그렇게 달랐을까? 물론 시대의 변화는 있었다. 지금은 대부분 직원이 배우자 출산휴가를 당연한 권리로 여기며, 규정된 일수를 최대한 활용하고 있다. 인식이 꽤 빠르게 정상화된 것이다.

하지만 이러한 차이를 단순히 세대 간의 다름으로만 설명할 수는 없다. 둘째 아이와 셋째 아이 출생 때 만난 지휘관들은 모두 나보다 스무 살 많았다. 그들은 첫째 아이 때 만난 지휘관보다는 겨우 다섯 살 적었고, 내 직속 상사에게 보이지 않는 차별을 했던 지휘관보다는 고작 한 살 적을 뿐이었다.

결국 이는 세대 차이라기보다는 시대의 변화를 받아들이

는 태도의 차이이다. 기존의 인식을 고수하는 사람과, 변화를 받아들이며 유연하게 사고하는 사람의 차이, 그것이 더 본질적인 이유이다.

알버트 아인슈타인(Albert Einstein)은 다음과 같이 기존 사고방식의 고수를 경계했다.

"We cannot solve our problems with the same thinking
we used when we created them."

우리가 문제를 만들었던 방식의 사고를 고수하면 문제를 해결할 수 없다.

리더에게 전적으로 내 운명을 맡기는 것은 겸손을 가장한 맹종이다

계급이 올라간다는 것은 권한이 커지는 만큼 책임도 함께 늘어난다는 뜻입니다. 그리고 그 책임에는 내가 맡은 부서의 구성원들을 인격적으로 대우하면서, 주어진 성과를 이루어야 할 의무도 포함됩니다. 관리자가 되어서도 저는 초임 경위 시절 동료에게 배운 가르침을 바탕으로 그 책임을 다하고자 했습니다. 또한 저 역시 훌륭한 상사로부터 인격적인 대우를 받을 때면, 그들의 태도를 본받아 제 발전의 자양분으로 삼았습니다. 우리는 누구에게든 배울 수 있고, 누구에게든 본보기가 될 수 있습니다.

세상을 바라보는 시대사상은 바뀌었고, 앞으로도 계속 바뀔 것입니다. 자신을 부족한 존재로만 여기며, 리더에게 절대적 능력이 있다고 믿고 내 운명을 맡기는 것은 더 이상 책임 있는 태도가 아닙니다. 고민하기 싫어서 시키는 대로 따르겠다는 태도에 불과하며, 이는 겸손을 가장한 맹종에 불과합니다. 우리 역시 부단히 세상을 바라보고 제대로 파악하는 능력을 갖출 수 있습니다. 조직의 관리자 또한 완전한 존재가 아니며, 구성원들과 치열한 논의를 거쳐 함께 대책을 모색하는 과정은 이제 선택이 아닌 시대적 요구입니다.

IV

오아시스는
계급이 아닌 다른 곳에

I took the one less traveled by,
And that has made all the difference.
나는 사람들이 덜 걸어간 길을 택했고, 그것이 나의 삶을 바꾸었다.

미국 시인 로버트 프로스트(Robert Frost), 「The road not taken(가지 않은 길)」 중

공룡 머리만
바라보는 몸통

경찰청에서 경위 실무자로 일할 때였다. 매년 가을 국회 행정자치위원회(지금은 행정안전위원회) 의원들이 경찰청을 찾아와 국정감사를 했다. 감사를 받아야 하는 경찰청으로서는 아주 힘든 행사였다. 그래서 국감 두 달 전부터 경찰청 간부, 실무자 모두는 감사장에서 나올 만한 예상 질문을 추리고, 답변을 만드는 과정을 계속했다. 감사장에서의 의원 질의에 답변하는 사람은 경찰의 수장, 경찰청장이었기에 그는 직원들이 만든 질의와 답변을 열심히 공부했다.

예상 질의와 답변에 허점이 있으면 곤란한 상황이 벌어졌다. 청장이 허점 있는 답변을 하면 의원들의 집중 공격이 이어졌다. 특히, 청장이 예상하지 못한 질의를 의원에게 받으면, 당황해 엉뚱한 답변을 할 수 있었다. 이러한 상황은 국정감사를 준비하는 간부와 실무자에게 큰 부담이었다. 불미스러운 상황을 막기 위해 준비해야 할 자료는 기하급수적으로 불어났고, 국정감사 일이 다가오며 직원들은 지쳐가고 있었다.

초과 근무가 일상화된 어느 날 밤늦은 시각이었다. 같은 과 실무자였던 대학 동기가 담뱃갑을 든 채 나를 툭 치며 나가자고 했다. 평소 그는 담배로 정신적 피로를 달랬다. 내가 담배를 피우지 않는다는 점을 알면서도 부른 것이기에 '말하며 스트레스를 풀고 싶은가 보다.' 싶어 따라갔다. 담배에 불을 붙인 그가 말했다.

"정용! 넌 경찰이 뭐라고 생각하나?"

"응? 왜 철학적으로 묻냐? 잘 모르겠는데."

"공룡! 몸집만 엄청나게 큰 공룡!"

그는 한숨을 푹 쉬더니 말을 이었다.

"공룡 머리가 누구겠나? 청장님이다. 나머지 천여 명의 경찰청 직원들은 다 공룡 몸통이다. 머리가 어디로 가는지 보고 있다가 바로 움직이는 공룡 몸통이다."

승진 기회가 가장 많은 경찰청에는 승진에 목마른 사람들이 몰려들었고, 그들은 머리의 움직임만 따라간다고 했다.

머리가 원하는 방향을 빨리 파악해 움직여야 인정받았기에, 직원들은 온종일 머리만 쳐다본다고 했다. 순간 멍했다. 동기가 음유시인인 것을 알아서이기도 했지만, 한 번도 생각해 보지 않았던 경찰청 직원의 마인드를 아주 적절하게 꼬집었다고 느꼈기 때문이었다.

경정이 되어 지방경찰청 계장으로 들어간 후에도 그런 경향은 딱히 변하지 않았다. 물론 나도 머리를 쳐다보며 갈 길을 예정하는 몸통 중 일부였다. 승진할 수 있는 핵심 보직 중 하나를 맡게 된 나는 매일 아침, 전날 특이한 사건이나 사고가 없었는지 챙겨 지휘부에 보고했다. 휴일도 마찬가지였다. 그날은 휴일이었다. 나는 지방경찰청장이 강조하는 업무 지침을 간략히 정리해 상황실에 전달한 뒤, 무전으로 전파해 달라고 요청했다. 그리고 무전 전파했음을 지방경찰청장, 부장, 과장이 볼 수 있는 아침 문자 보고에 추가했다.

문자 보고는 1:1 휴대전화 문자가 아니라, 보안상 내부 상황전파 시스템의 단체 문자 전송을 활용했다. 보통 청장은 보고 내용에 대해 알았다는 뜻으로 "ㅇㅋ"라고 답을 하였다. 부장과 과장은 보고 사항에 대해 특별한 의문이 없으면 별다른 응답을 하지 않았다. 의문이 있으면 단체방에서 묻지 않고 내게 따로 물었다. 청장이 알았다고 했는데 그가 볼 수 있는 단체방에서 다른 목소리를 내는 것이 부담스러웠던 것 같다.

그런데 이날은 몇 분 지나 청장의 답이 조금 더 길게 달렸다. "ㅇㅋ, 수고했어."

직속 과장은 단체방에서 이 문자를 확인하더니, 몇 분 뒤 따로 내게 메시지를 보냈다. 청장이 내 보고를 확실히 마음에 들어 했다고 했다. 근거는 ㅇㅋ 뒤에 붙은 "수고했어." 한마디였다. 과장의 말에 따르면 청장은 속정이 깊지만, 표현은 인색한 경상도 남자였다. 그의 수고했다는 한마디가 엄청난 칭찬이라고 하였다.

나의 승진을 바랐던 과장이 해 준 격려는 고마웠다. 그리고 청장의 "수고했어." 한 마디는 나를 날아갈 듯이 기쁘게 했다. 40대의 성인 남성이 상사의 짧은 격려 한 마디에 필요 이상으로 들뜬 모양새이기도 했다. 왜 그렇게까지 좋았을까? 승진을 하려는 사람들은 모두 청장을 바라봤고, 그의 입에서 나오는 인정과 칭찬을 마치 성스러운 격려로 받아들였기 때문이다.

어느 날 지방경찰청장이 새로 부임하게 되었다. 그 전날이었다. 계장들과 점심 식사를 같이 한 과장('수고했어' 사례와는 다른 사람이다)이 갑자기 자신을 이발소에 내려주고 가라 하였다. 한 계장이 "머리가 전혀 길지 않은데, 며칠 더 이따 이발하시는 것이 좋겠습니다."라고 하자, 과장은 다소 예상치 못한 대답을 하였다.

"내일 청장님 오시면 단정해 보여야지. 그 상태로 첫인사를 드려야 좋아하시지. '저 사람은 나 때문에 이발까지 했네?' 생각하면서 말이야."

새로운 지휘관에게 단정한 첫인상을 주겠다는 점은 충분히 동감할 수 있었으나, 뒷말은 정도가 지나쳐 보였다. 청장의 인정을 받겠다는 것이 아니라 그의 환심을 사겠다는 말로 들렸다.

"우리 계장들도 나처럼 상사가 처음 올 때 머리도 손질하고 깔끔하게 챙겨. 내가 승진하는 팁 주는 거니 고마워해."

과장은 승진 비법이라며 이 말을 덧붙였다. 하지만 다른 계장도 이 말이 쉽게 와닿지 않았던 모양이다. "지금으로도 전혀 지저분하지 않으니, 그냥 들어가시죠."라고 하자 그 말에 과장은 마음을 돌렸다. 그러나 사무실로 들어가던 중 다시 마음을 바꿔 결국 이발소로 향했다.

조직 생활에서 상사의 정당한 지시를 성실히 수행하고, 그에 대해 격려받는 것은 의문의 여지없이 바람직하다. 하지만, 상사의 마음에 들기 위해 일을 하고 그에게 받은 격려 한마디에 필요 이상으로 행복했던 내 모습은 바람직한 모습과는 결이 다르다. 상사의 부임을 맞아 이발하는 수고를 했음을 드러내 그의 마음을 얻으려 한 과장의 모습은 '사회생활 잘하는 사람'으로는 보일지 모르나 먼저 승진한 사람으로서 보여 줄 바람직한 모습은 아니었다.

돌이켜 보면, 조직 안에서 스스로를 하나의 부품으로 여기고, 본 기계를 원활하게 작동시키기 위해 '좋은 부품'으로 기능하려 했던 내 모습이 안쓰러웠다. 나도 과장도 공룡 머리가 보는 곳이 어디인지에 관심을 쏟고 그가 바라보는 곳에 반 박자라도 빠르게 나아가려는 공룡의 다리였다.

나는 그렇게 사는 것이 당연하다고 믿었고, 성찰할 생각조차 하지 않았다. 이제는 해 보려 한다. 내가 대학에서 만난 MZ 세대 학생들은 공룡 머리의 시선에 별다른 관심이 없다. 자신이 공룡 머리가 되어 주도적으로 삶을 살고 싶어 한다.

그들을 교육해야 할 내가 '공룡의 다리로 사는 삶'을 당연하게 여기고, 그러한 삶이 성공으로 가는 지름길이라 말한다면 어떻게 받아들일까 생각하니 얼굴이 화끈거린다. 내가 가르친 학생들이 경찰이 되든, 다른 직업으로 사회에 봉사하든, 혹은 전공과 무관한 민간 기업에 취직하든, 그들은 공룡의 다리가 아니다. 한 마리 한 마리의 벌과 같다. 스스로 움직이며 전체 벌집을 유지하는 각각의 벌과 같다.

잘 나가는
부서를 찾아서

경찰대를 가야겠다고 마음먹은 고등학생 시절이었다. 국민이 어려울 때 바로 도움을 줄 수 있는 경찰이 멋져 보였고, 그런 부서에서 일하면 인정도 받고 승진도 잘 될 줄 알았다. 그러나 경찰대 교육을 받으며 내 생각이 현실과 다르다는 것을 어렴풋이 느꼈다. 그리고 경찰에 임용된 후에는 오직 아름다운 동화에 불과하다는 사실을 깨달았다.

경찰 선배나 동료들이 말하는 소위 '잘 나가는 부서'는 승진이 잘 되는 부서를 의미했다. 112 신고를 받고 출동해 현장에서 국민의 안전을 지키는 지구대·파출소? 지구대·파출소의 업무를 기획하고 범죄예방 정책을 시행하는 범죄예방 부서? 도로 위에서 질서를 유지하고 사고를 예방하는 교통부서? 사기 피해 고소 건을 조사하고 혐의를 밝혀내는 경제

　세상이 말하는 정답보다 내 심장이 옳았다

수사 부서? 그중 어느 곳도 아니었다.

정작 경찰은 민생을 강조하지만, 국민의 삶과 직접적으로 관련된 부서는 승진 자리가 많지 않았다. 승진이 잘 되는 부서는 정보, 경비, 경무, 기획, 감사 등이었으며, 모두 민생과는 거리가 먼 부서였다. 경비와 감사 부서는 예전만큼 승진이 잘되는 곳은 아니지만, 여전히 민생과 관련된 부서보다는 유리한 위치였다. 형사, 수사 부서는 특진 기회가 많아 승진이 잘 되는 것처럼 보이지만, 실제 해당 업무를 맡은 경찰의 수에 비하면 상대적으로 불리한 편이었다.

경위(무궁화 한 개) 초임 시절 1년간 지구대 순찰팀장으로 근무했다. 이후 경찰서 인사 담당자는 이번 인사에 경찰서 사복 부서로 이동할 차례라고 했다. 경찰대 졸업자를 대상으로 한 순환보직 규정 때문이었다. 당시에는 정복 부서 6개월, 사복 부서 6개월, 지구대 1년을 의무적으로 순환 근무해야 했으며, 순서는 상관없었다.

'사복 부서라면 어디에서 근무해야 할까?' 고민하던 중 경찰서 정보과장이던 대학 선배에게 전화가 왔다.

"너 정보과에서 일해 볼래? 기획정보 파트에 한 명이 필요한데."

'정보과'라는 말에 귀가 솔깃했다. 많은 경찰이 선호하지만 아무나 갈 수 없는 부서로 알려져 있었다. 기획정보 파트가 무슨 일을 하는지조차 몰랐지만, 고민할 것도 없이 "감사합니다. 제가 하겠습니다."라고 대답했다.

정보과에 발령받아 보니 선호되는 자리는 외근 정보관이었다. 하지만 내 자리는 사실상 내근이었다. 정부와 경찰청은 자신들이 시행 중이거나 계획 중인 정책에 대한 국민 여론을 알고 싶어 했다. 이에 따라 각 경찰서 정보과에 여론을 파악해 보고하라는 지시가 내려왔다. 이러한 요구는 기획정보 파트로 접수되었고, 기획 정보관인 나와 경사(꽃봉오리 네 개) 두 명이 나눠 처리해야 했다.

외근 정보관에게 부탁해 정보를 수집하기도 했지만, 대부분 직접 전화나 인터넷을 활용해 정보를 파악하고 보고해야 했다. 보고 시한을 촉박하게 줬기 때문이다. 때로는 주어진 시간이 세 시간에 불과하기도 했다. 이러한 업무 특성 때문에 기획정보 파트에는 '기본 상식이 풍부하고 글을 쓸 줄 아는 사람'을 배치한다는 것도 알게 되었다. 함께 근무하던 동료도 지방거점국립대 출신이라는 이유로 발령받았다고 했다.

나는 정보 업무를 맡겨준 과장 선배에게 짐이 되어서는 안 된다고 생각했다. 정보관 실적평가는 본인의 보고가 경찰청에서 유의미한 정보로 채택될 때 점수를 받는 방식으로 이루어졌다. 첫 달, 나는 지방경찰청 내 정보관 중 35위를 기록했다. 중위권이었지만 과장은 "적응기이니 그럴 수 있다."라며 격려했다.

다음 달 예상보다 좋은 실적인 8위를 기록하자, 과장은 "황 경위, 이제 실력 발휘 좀 하려나 보네."라고 말했다. 나는 운이 좋았다고 생각하면서도 계속해서 성과를 유지하려 노력했다. 그리고 다음 달 실적이 발표되었을 때 처음에는 내 눈을 의심했다. "2위"였다. 사무실 동료들도 축하해 주었고, 과장은 공개적으로 나를 칭찬했다.

그러나 정보 업무를 경험한 것은 그때가 마지막이었다. 그렇게 10년 가까이 흐른 후, 나는 두 계급이 올라 경정(무궁화 세 개)이 되었다. 지방경찰청에서 경찰서 과장 회의를 소집하면, 회의 후 예전에 경찰서장으로 모셨던 상사를 찾아가 안부 인사를 하곤 했다. 그중 한 명이 지방경찰청 정보과장(총경, 무궁화 네 개)이었다. 경찰간부후보생 출신으로 공로와 과실에 대한 평가가 분명하고 주요 업무에 대한 선택과 집중을 잘하는 상사였다. 나는 그를 존경했고, 그도 나를 신임했다.

어느 날, 안부 인사를 드리러 갔을 때 과장이 내게 물었다.

"다음 달 인사에서 당장 지방경찰청으로 오긴 어려울 것 같고, 경찰서에서 어떤 과장을 맡고 싶어?"

"글쎄요. 마땅한 자리가 없으면 지금 자리에 1년 더 있으려 합니다."

"황 과장, 그러지 말고 정보과장을 해 보는 건 어때?"

"말씀 감사합니다만, 정보과 근무 경험이 너무 적어서 괜찮을까요?"

"꼭 경험 있어야만 하나? 자네 정도면 충분히 할 수 있어."

내 경찰 생활에서 정보 업무를 제안한 두 번째 상사였다. 하고 싶다고 대답했다. 하지만 이번에는 실무자가 아닌 과장급 인사였다. 경찰서 과장에 대한 최종인사권은 지방경찰청장에게 있었고, 경찰서장이 함께 일하고 싶은 과장을 추천하는 방식이었다. 지방경찰청 과장도 추천권이 있었지만, 그 혼자의 추천만으로는 발령받을 수 없었다.

인사가 임박한 어느 날, 지방경찰청 과장이 내게 전화했다.

"지금 안 바쁘지? 바로 ○○경찰서 가서 서장 만나 봐. 내가 정보과장 추천해 줄 사람 있으니 보라고 했어."

나는 곧장 ○○경찰서장을 찾아가, 정보과장을 맡고 싶다는 뜻을 밝혔다. 그러나 서장은 이렇게 말했다.

"지방청 정보과장에게 얘기 들었어요. 그런데 이 자리는 아무나 할 수 있는 자리가 아니에요. 진지하게 검토해 볼게요."

서장실을 나서며 사실상 어렵겠다고 생각했다. 그의 말은 곧 '부탁은 들었지만 너는 어렵다. 다만 예의상 여지는 남긴다.'였다. 결국 정보과장 도전은 실패로 끝났다.

두어 달 뒤 지방경찰청장이 경찰서를 방문했다. 서장, 과장들과 함께 점심을 먹는 자리에서 정보 업무 이야기가 나왔다. 그때 청장은 나를 흘끗 보더니 이렇게 말했다.

"정보과장은 아무나 못 하지. 나이도 있고 지역도 잘 알아야 하는 자리잖아."

그 말속에는 조직에 내재한 뿌리 깊은 인식과 암묵적으로 고착화된 인사 문화가 담겨 있었다.

나 역시 승진이 잘 되는 부서에서 전문성을 쌓아 올라가 보겠다는 욕망을 가진 경찰이었다. 정보과장 도전기를 기록하는 이유는 나 자신을 솔직하게 돌아보고, 승진 잘 되는 부서에 대한 비판적 단상을 남기고 싶었기 때문이다.

정보와 경비 부서에서 승진자가 많이 나온 이유는 분명하다. 민생이 아니라 국가의 안정을 지키는 부서였기 때문이다. 특히 고위직 인사로 갈수록 그런 경향이 심했는데, 이는 그들의 임명권을 쥔 국가 최고위층의 시각에 기인했다. 정보와 경비 경찰이 충성스럽게 양질의 정보를 보고하고, 물리력으로 중요시설을 방어해 국가의 안정을 지켜 주었다고 보았기 때문이다. 국가의 안정이 정확히 무엇을 의미하는지는 해석하기 나름이다.

경무, 감사 부서에서 승진자가 많이 나왔던 이유도 비슷하다. 경찰청장의 곁에서 그의 인사와 징계 권한을 보좌했기 때문이다. 각자의 장단점을 파악해 적합한 인물을 배치하고, 경찰의 명예를 실추시킨 사람에게 행정적 불이익을 부과하는 역할을 했다. 그러나 권한자의 의중과 원칙적인 인사원칙, 징계원칙이 어긋날 때, 이를 충성스럽게 조율할수록 승진 가능성이 커졌다.

그나마 기획 부서에서 많은 승진자가 나온 것은 노력에 대한 보상 차원에서 이해할 만하다. 모든 부서의 업무를 총괄해 경찰이라는 거대 조직의 비전을 만들고, 하나의 플랜으로 집

약했다. 부서간에 충돌되거나 중첩되는 업무를 조정하는 역할도 해야 해서 생각보다 훨씬 어렵고 복잡했다. 다만 아쉬운 것은 이들조차 민생을 직접 다루지는 않는 부서라는 점이다.

국민이 생각하는 경찰의 모습을 이들이 대변할 수 있을까? 아니다. 112 신고를 받고 출동해 국민의 위험을 막아준 경찰, 교통사고 현장에서 억울하게 가해자로 몰릴 뻔한 상황을 바로잡아 준 경찰, 성폭력 피해자를 조사하며 함께 가슴 아파한 경찰. 이들이 경찰을 대변할 것이다. 그들이 승진해야 국민이 체감하는 경찰도 달라진다.

미국의 영문학 교수이자 문화 비평가인 윌리엄 데레시에비츠(William Deresiewicz)는 2009년 미국의 육군사관학교인 웨스트포인트(West Point)에서 신입생을 대상으로 연설하며, 충성만으로 보상받는 체제의 위태로움을 비판했다.

A nation that rewards loyalty more than competence
will soon find itself with loyal fools in charge.

역량보다 충성에 대해 더 보상하는 나라는,
머지않아 충성스러운 바보들이 책임지게 될 것이다.

동료 찾아
삼만 리

승진은 혼자 잘한다고 할 수 있는 일이 아니었다. 특히 실무자가 아닌 관리자의 성과는 부서 동료들의 협력이 없으면 올릴 수 없었다. '인사(人事)가 만사(萬事)'라는 말이 있다. 이는 사람을 잘 뽑으면 모든 일이 잘 풀린다는 뜻이다. 그래서 나도 우리 부서의 사람을 뽑을 때 무엇보다 많은 관심을 기울였다.

'빈익빈 부익부(貧益貧 富益富)'라는 말이 있다. 원래는 경제적 불평등이 심화하는 현상을 설명할 때 자주 쓰이지만, 경찰 조직에서는 인사 시즌에 자주 회자되곤 했다. 인기 없는 부서는 지원자가 없어 인력을 구하기 어렵지만, 인기 있는 부서는 지원자가 넘쳐 자연스럽게 충원된다는 의미이다. 더 구체적으로 말하면, 비인기부서는 어렵게 사람을 뽑아도 다음 인사 때 바로 떠나 인력난이 반복되지만, 인기부서는 쉽게 사람을 뽑을 수 있고, 그 사람이 오랜 기간 머물러 빈자리가 생기지 않는다는 것이다.

워라밸(Work-Life Balance)이 중요한 가치로 떠오르면서, 경찰 사이에서도 워라밸을 보장받을 수 있는 부서가 가장 인기 있는 곳이 되었다. 특히 교대근무가 가능한 부서의 인기가 높았다. 특별시와 광역시 단위의 지구대, 교통안전팀은 4교대 근무가 가능해 선호도가 높았다. 근무일에는 힘들게 일하지만, 휴일이 명확히 보장되기 때문이었다. 이런 경향은 MZ 세대일수록 더욱 두드러졌다.

그러다 보니 경찰청, 지방경찰청, 경찰서의 관리자들은 점점 실무자를 구하기 어려워졌다. 평일 오전 9시부터 오후 6시까지의 근무 시간이 정해져 있기는 했지만, 아침 보고서를 준비하기 위해 일찍 출근하는 것이 일상이었다. 또한, 관할 내 사건이 발생하면 퇴근이 늦어지는 등 불규칙한 초과 근무가 많았다. 휴일에도 개인 일정을 잡기 어려웠고, 외근 부서보다 수당이 낮아 내근의 선호도는 점점 떨어지고 있었다.

지방경찰청 계장으로 근무할 때였다. 승진할 수 있는 핵심 보직을 맡게 된 나는, 함께 근무할 직원을 신중하게 선발해야겠다고 마음먹었다. 발령을 받고 보니 다섯 명 중 기존 직원은 두 명뿐이었고, 나머지 세 명은 승진하거나 자원해서 곧 떠날 예정이었다. 신중한 선발은 고사하고, 세 명이나 되는 인원을 잘 구할 수 있을지 걱정이 앞섰다. 지방경찰청 내근의 인기는 이미 낮아져 있었고, 우리 부서는 업무 부담이 커서 비인기부서 중에서도 최하위권이었다. 경찰은 '직위공모'를 통해 희망자를 먼저 모집하는데, 지원자 자체가 세 명이 되지 않을 가능성이 커 보였다.

공모 기간이 시작되자, 경감 심사승진을 노리는 한 경위(무궁화 한 개)가 지원 의사를 밝혔다. 나는 이전 부서에서 함께 근무했던 젊은 경사(꽃봉오리 네 개) 한 명을 설득했다. 내근 업무를 배울 기회를 주겠다고 했고, 나를 좋은 상사로 여겼던 그는 나를 따라왔다. 하지만 한 명이 문제였다. 여러 사람에게 의사를 타진했지만, 아무도 오려 하지 않았다. 마침 친한 경위 한 명에게 추천을 부탁했더니, 지방경찰청 내근을 경험해 보고 싶어 하는 직원이 있다며 다른 경위 한 명을 추천했다. 어렵게나마 계원이 구성되어 가는 듯했다.

그러나 지원 마감일 전날 밤, 추천받은 경위에게서 전화가

왔다. 아무리 생각해도 자신이 없어서 지원을 포기하겠다는 것이었다. 그를 추천했던 경위가 난감해하며 한참 동안 다시 생각해 보라고 권했지만, 그의 마음은 변하지 않았다. 자정을 향해 가는 시각, 다급해진 나는 직접 전화해 설득했다.

"이 업무 해 보지 않은 것 압니다. 제가 힘들지 않게 도와드릴 테니 와 주세요."

오랜 설득 끝에 그는 결국 마음을 돌렸다. 나는 한숨을 돌렸다.

하지만 실무자 세 명보다 훨씬 어렵게 구한 자리가 있었다. 바로 경감(무궁화 두 개) 팀장이었다. 단 한 자리였지만, 지원자가 전혀 나오지 않았다. 초조해하던 내게 다른 계의 경감이 한 명을 추천했다. 경찰서에서 근무 중인데 내근 경험이 풍부해 내게 큰 도움이 될 것이란 얘기였다. 나는 그에게 전화를 걸었다.

"내근 경험도 많고 오시면 잘하실 수 있을 것 같습니다. 와서 도와주십시오."

그는 선뜻 거절하지도, 그렇다고 수락하지도 않았다. 결국 생각할 시간을 달라고 하고 전화를 끊었다. 이후 두어 차레 더 전화했지만, 그는 여전히 명확한 의사를 밝히지 않았다. 며칠 후 그를 추천했던 직원이 내게 와서 말했다. 그가 맡아야 할 업무에 부담을 느껴 지원하지 않기로 했다는 것이었다. 그러면서 마지막으로 계장인 내가 직접 강력히 설득해 보라고 권유했다. 나는 다시 전화를 걸어 30분 넘게 설득했다. 하지만 그의 마음을 바꾸지는 못했다.

그 후 여러 사람에게 추천을 받아 각 경찰서의 경감들에게 전화를 돌렸다. 일부는 지방경찰청 내근 자체에 관심이 없었고, 일부는 관심이 있었지만 우리 부서의 업무가 너무 부담스럽다고 했다. 그렇게 연락한 경감이 열 명을 넘어섰다. 공모 마감 하루 전, 여전히 전화기를 붙잡고 있던 내게 한 직원이 다가와 경감 한 명을 추천했다. 지방경찰청 내근 경험은 적지만, 경정 심사승진을 노리는 사람이니 설득해 보라는 조언이었다. 나는 그에게 전화를 걸었다.

"그 자리는 부담스럽지만, 계장님이 그렇게 부탁하시니 한 번 해 볼게요."

그는 내가 다른 계에서 근무할 때 본 적이 있다며, 내 성품이 좋아 보여 수락했다고도 했다. 그 말이 기분 좋았다. 나는 거듭 감사를 표했다.

어렵게 인적 구성을 마무리하고 같이 일했다. 하지만 후일 내가 대학교수로 직장을 옮기면서 그들과 헤어졌다. 함께 고생했던 동료들에게 먼저 사무실을 떠나게 된 것이 미안했다. 특히 경감 팀장과는 "함께 고생하고, 둘 다 승진하자."라고 약속했는데, 그 약속을 지키지 못했다. 그는 나의 새 출발을 축하해 주었지만, 본인은 여전히 고생하는데 나 혼자 떠난다며 서운함을 감추지 못했다. 내가 떠난 해, 그는 심사승진에 실패했지만, 일 년 더 버티며 결국 원하는 승진을 해냈다. 그의 승진 소식은 그 누구의 승진 소식보다도 기뻤다.

경찰의 인사문화에 대해 짚고 넘어가고 싶다. 경찰 조직에서 근무하는 독자라면, 발령 전에 지원 의사를 묻는 문화를 잘 이해하겠지만, 경찰 조직 밖의 일부 독자분에게는 다소 생소할 수 있다. 민간 조직에서는 경찰과 다른 방식의 인사제도를 운영하는 경우가 존재하기 때문이다. 예고 없이 인사발령이 이루어지며, 심지어 사전 인사대상자에게 지원 의사를 묻지도 않는다. 인사대상자로서는 현재 부서에 그대로 남을지, 갑자기 다른 부서로 이동해야 할지 예측조차 할 수 없다.

인사는 조직 내에서 한 사람이 일정 기간 맡을 업무와 역할을 정하는, 개인에게 큰 영향을 미치는 중요한 결정이다.

따라서 경찰의 인사제도는 최소한 원하는 자리에 지원할 수 있고, 현재 자리에서 계속 근무할지, 이동하게 될지를 예측할 수 있다는 점에서 일정한 민주성을 갖추고 있다고 볼 수 있다.

반면, 폐쇄적이고 일방적인 조직 문화가 지속되는 동안 구성원이 침묵으로 일관하면, 조직은 이를 동의로 착각해 문제를 인식하지 못하게 된다. 구성원 역시 점차 무감각해지며 문제를 당연시하게 된다. 변화가 필요함을 알고도 아무 말 없이 따르는 구성원의 침묵이나 방관을 경계하는 문장이 있다. 이 말은 영국의 정치가이면서 보수주의의 시초라고까지 불리는 에드먼드 버크(Edmund Burke)가 했다고 알려졌지만, 정확한 출처는 밝혀지지 않았다.

The only thing necessary for the triumph of
evil is for good men to do nothing.

악이 승리하는 데 필요한 유일한 조건은 선한 사람들이 아무것도 하지 않는 것이다.

살고 싶어
나를 잃어갔다

'공무원의 정년은 다른 법률에 특별한 규정이 있는 경우를 제외하고는 60세로 한다.' 이는 「국가공무원법」에 명시된 공무원의 정년 규정이다. 이에 따라 「경찰공무원법」도 경찰의 정년을 60세로 규정하고 있다. 그런데 「경찰공무원법」은 굳이 60세를 '연령정년'이라 표기하고, 그 아래 '계급정년'이라는 개념을 추가로 규정했다.

경찰뿐만 아니라 군(軍), 국정원, 소방 등 일부 특정직 공무원도 '계급정년' 제도를 운용하고 있다. 이는 특정 계급에서 일정 기간이 지나도록 승진하지 못하면 자동으로 퇴직시키는 제도로, 60세에 이르렀는지는 전혀 고려하지 않는다. 현재 「경찰공무원법」에 따르면 계급정년은 경정(무궁화 세 개, 경찰서 과장 직위에 해당), 총경(무궁화 네 개, 경찰서장 직위에 해당), 경무관(태극무궁화 한 개, 시도경찰청 부장 직위에 해당), **치안감**(태극무궁화 두 개, 시도경찰청장 직위에 해당) 계급에 적용된다. 정해진 기간은 경정 14년, 총경 11년, 경무관 6년, 치안감 4년이다.

즉, 경정 계급에서 14년이 지나도록 총경으로 승진하지 못하면, 나이와 관계없이 자동으로 퇴직된다. 이 제도는 원활한 인력 순환을 통해 조직에 활력을 불어넣겠다는 취지로 만들어졌다. 승진해야 할 계급에서 자동 퇴직자가 생기면 그만큼 승진 기회도 많아지기 때문이다.

내 삶은 이 제도로 인해 방향이 달라졌다. 제도 자체가 나를 바꾼 건 아니지만, 그 덕분에 새로운 길을 고민하고 선택할 수 있었다. 만약 그 제도가 없었다면 지금도 경찰로 남아 있을 확률이 99%다. '사람 일은 모른다.'라는 말이 있으니 1%의 여지는 남겨둔다. 35세에 경정으로 승진한 내게 적용된 계급정년은 14년이었다. 즉, 총경 승진에 실패하면 49세에 경찰 제복을 벗어야 했다. 승진은 단지 욕심이 아니라 퇴직과 생계가 걸린 존재의 문제였다. 당시 나는 마음의 중심을 다른 곳에 둘 여유가 없을 정도로 궁색했다. 경정이 된 이후 회식 자리마다 나오는 이야기가 있었다.

'승진하는 길'

　마치 블랙홀 같았다. 강한 중력으로 모든 것을 빨아들이는 블랙홀처럼, 이 화제는 경찰관은 물론, 협력단체 시민들, 심지어 친지들까지 빠지지 않고 꺼내는 이야기였다. 다른 주제를 이야기하다가도 결국 이 주제로 흘러갔다. 나이와 계급정년을 고려했을 때, 나는 반드시 승진해야만 하는 사람이었기 때문이다. 주변에서 보기에 내 가장 큰 관심사는 '총경 승진'이어야 했고, 실제로도 그랬다.

　경정으로 승진할 때만 해도 '총경 승진? 못할 것 없다.'라고 생각했다. 하지만 자신감은 채 1년도 유지하지 못했다. 여기저기서 들은 '총경 승진하는 길'은 예상보다 훨씬 험난했다. 내가 생각한 승진의 길은 '남들보다 더 많은 일을 하고, 더 어려운 일을 하면서 상사와 동료에게 실력을 인정받는 것'이었다. 하지만 사람들이 말하는 길은 전혀 다른 방향을 가리키고 있었다.

　"일 잘하는 것은 기본입니다. 중요한 것은 승진시켜 줄 수 있는 사람의 마음을 잡는 것, 그것이 진짜 능력입니다."

이 말은 이미 총경으로 승진한 경찰 선배, 나보다 계급은 낮아도 심사승진을 경험한 동료뿐만 아니라, '경찰을 좀 안다.'라고 자부하는 협력단체 시민들까지도 공통으로 하는 이야기였다. 계급정년이 적용되는 이상, 시한부 14년 안에 새로 심폐소생을 받아 생명을 연장해야 했다. 그렇지 않으면 49세에 실업자가 되리라 생각했다. 이를 막기 위해 꼭 알아야 할 것이 있었다.

"책에 나올 리도 없고 어떻게 나를 승진시켜 줄 사람의 마음을 잡는다는 말인가?"

계급정년이 적용되는 계급 모두에서 시험승진, 특별승진은 없다. 오직 심사승진만 존재한다. 그러니 이런 질문이 더 절실해질 수밖에 없었다.

그러나 내가 물어보면, 대다수 사람은 대답을 얼버무렸다. 심사승진을 경험한 경찰들은 "힘들게 그런 과정을 거쳤노라."라며 영웅담을 늘어놓았다. 하지만 정작 나를 승진시켜 줄 인사권자의 마음을 잡는 비법에 대해서는 입을 다물었다.

경정 초기에 나는 이 질문에 대한 대답을 대학 선배에게 찾으려 했다. 나와 같은 마음으로 대학을 선택했고, 나와 같은 계급으로 경찰을 시작했으며, 나와 비슷한 어려움을 먼저 겪은 사람들이었기 때문이다. 하지만 그들은 대답해 주지 않았다. 다만 조언해 주었다.

"경찰서 과장 2~3년 하고, 꼭 지방경찰청 계장으로 가야 해. 그리고 2~3년 있다가 비중 있는 보직으로 가고, 또 2~3년 뒤에는 핵심 보직을 맡아야 해."

그리고는 어느 과의 어떤 계장이 핵심 보직인지, 어떤 보직을 거쳐야 핵심 보직으로 이동하기 유리한지도 알려 주었다. 어느 과에 고참 경정이 곧 승진해 나갈 테니, 그 과에 가 있어야 근무평정에 유리하다는 정보까지 상세히 알려 주었다. 하지만 거기까지였다.

핵심 보직을 맡는다고 모두 승진하는 것이 아니었다. 승진자는 핵심 보직 수보다 훨씬 적었다. 게다가 핵심 보직으로 이동하는 과정에서도 치열한 경쟁이 벌어졌다. 아니, 애초에 '지방경찰청 계장'이 되는 것부터가 경쟁이었다. 경정에서 총경으로 승진하기 위해 여러 단계의 경쟁을 거쳐야 했다.

이 과정에 가장 중요한 존재는? '직속 상사들'이었다. 근무평정을 주는 것도, 핵심 보직을 주는 것도 그들이며, 최종적으로 경찰청장에게 심사승진 대상자 추천 순위를 정하는 것도 지방경찰청장이었다. 승진하기 위해서 인사권자에게 좋은 인상을 남기고, 그들의 선택을 받으려 노력하는 것은 조직 생활의 수칙과도 같았다. 선배들도 이를 강조했지만, 원론적인 수준에 그쳤다.

경정에서 총경으로의 승진자부터는 전국을 관할하는 경찰 최상위 기관, 경찰청에서 일괄적으로 결정했다. 그래서 경찰청장의 낙점을 받아야 한다는 것이 기본 인식이었다. 그러나 전국의 수많은 승진 희망자 중, 단 한 명의 경찰청장과 개인적 연이 있는 사람은 극히 드물었다. 따라서 어떻게든 내 이름이 경찰청장의 뇌리에 각인되도록 해야 한다는 것이 그들의 조언이었다.

"경찰청장이 알아줄 정도로 엄청난 기획을 해야 하나요? 대단한 성과를 내면 기억할까요?"

그러자, 돌아온 대답.

"아…. 계장님, 순진한 척하지 마세요."

내 머리는 점점 복잡해졌다. 꼿꼿하게 살다가 49세에 집에 들어앉아 아내의 눈치를 보고 자녀들의 경멸을 감당하느니, '남들도 다 하는 일이니까.'라고 스스로를 위로하며 승진을 통해 정년을 연장하고 싶었다. 도대체 계급정년이 뭐라고?

　아래 그림은 달려야 한다는 강박에 극도로 좁아진 나의 시선, 고속도로 주변에 당연히 있는 풍경을 볼 여유조차 없었던 나의 시각을 형상화한 그림이다.

주변 풍경이 보이지 않는 고속도로

　돌이켜 보면 내가 경찰서장 계급으로 승진하려는 목적은 사람들을 위하는 선한 목적이 아니라, 내 삶의 안정을 위하는 개인적 목적이었다. 이런 목적으로는 원하던 승진을 이룰지라도, 경찰서장 자리에서 행복을 느낄 수 없었다. 승진하려면 이러한 마음가짐을 가져야 한다.

　"승진이라는 목표 너머에 '무엇을 위한 승진인지', '승진한 자리에서 어떤 변화를 이끌고 싶은지' 스스로에게 물어보아야 한다. 그래야만 그 자리가 권력이 아닌 의미로 다가올 것

이며, 그 자리를 지키는 자신을 더 이상 공허하게 느끼지 않
게 될 것이다."

내몰리듯 시작한 변화,
내가 이끈 전환

대학원 수업 중 계급정년에 관한 이야기가 나왔다. 교수는 학생들에게 의견을 말하도록 했다. 대학원 과정의 상당수가 현직 경찰이었는데, 그중 한 명이 이렇게 말했다. 그는 순경부터 승진을 밟아온 경위(계급장으로 무궁화 한 개)였고, 나이는 40대 중반 정도였다.

"계급정년은 당연히 필요합니다. 경정(계급장으로 무궁화 세 개) 이상 간부들이 젊은 나이에 조직을 떠나야 해서 계급정년을 없애야 한다고 합니다. 조직이 그들의 개인적인 사정을 고려해야 합니까? 일찍 승진한 것도 본인의 선택입니다. 그러다 본인의 능력이 부족해 더 이상 승진하지 못한 것을 조직이 배려할 필요는 없습니다."

일리 있는 말이었다. 순경부터 시작한 경찰들은 대체로 동의하는 분위기였다. 그러나 나는 계급정년으로 인한 조기퇴직의 대상자가 될 수도 있어 쉽사리 동조할 수 없었다. 그만큼 이 문제는 각자 이해관계가 다르게 얽혀 있었다. 계급정년에 걸릴 위험이 없는 사람들은 현 제도 유지를 주장하고, 위험이 있는 사람들은 폐지나 기간 연장을 주장할 수밖에 없었다. 이 문제는 지속적으로 논의될 것이고 앞으로도 그럴 가능성이 크지만, 각자의 이해관계가 첨예하게 대립하는 만큼 해답을 도출하기는 쉽지 않다.

계급정년 문제도 개인이 아닌 조직의 관점에서 바라봐야 한다. 제도가 조직의 건강성에 어떤 영향을 미치는지 살펴볼 필요가 있다. 승진은 조직안의 사람들을 열심히 일하게 만드는 가장 큰 유인책이다. 그런데 위의 계급 사람들이 나가지 않아 승진 자리가 비지 않으면, 아래 계급 사람의 일할 동력이 떨어진다. 고인 물은 썩는다고 한다. 조직의 순환을 위해 계급정년이 필요한 이유다.

반면 나는 계급정년이 왜 특정직 공무원에만 존재하는지 의문을 가졌다. 국가는 경찰, 군(軍), 국정원 등을 어떻게 바라볼까? 이들 조직은 고유한 노하우로 정보를 수집하고 국가

운영에 필요한 정보를 제공한다. 또한, 물리력을 행사할 수 있는 권한을 가지며 이를 통해 국가의 안정을 유지한다. 만약 이 조직이 국가를 위해 일하지 않고 권한을 다른 데 사용한다면, 국가의 안보와 질서는 심각한 위협을 받을 수 있다.

나는 국가가 이러한 조직의 간부를 통제할 필요성을 크게 느꼈고, 그 수단 중 하나로 '계급정년'을 활용했다고 봤다. 군의 별, 경찰의 태극무궁화와 같은 최고위직에 오르기 위해서는 그 아래 계급부터 층층이 존재하는 계급정년을 거치게 해, 국가의 통제를 잘 따르도록 시스템화했다고 봤다.

아이러니하게도 교수로 이직할 수 있었던 배경은 '오직 승진만이 살 길'이라는 절박함에서 비롯되었다. 경정에서 총경으로 승진하려면 심사승진위원회장에 내 이름을 올려야 했고, 이를 위해서는 우선 승진자의 5배수 안에 들어야 했다. 소수점 단위로 순위가 요동치는 만큼, 가산점 하나라도 더 따는 게 중요했다. 현재 계급에서 석사학위를 취득하면 0.3점, 박사학위를 취득하면 0.5점의 학위 가점이 주어졌다. 나는 0.3점을 얻기 위해 석사과정을 등록했다.

학문을 배우고 싶어서가 아니었다. 오직 승진을 위해서였다. 운이 좋았다. 경찰학 석사학위를 취득해서가 아니었다. '오직 경찰만이 길이며, 승진만이 살 길'이라는 내 생각이 바뀌었기 때문이다.

'다른 길도 있는데 내가 못 보고 살았어. 학문이 오히려 잘 맞잖아. 쭉 해서 교수님들처럼 되어야지.'

그래서 박사과정까지 쉬지 않고 이어 갔다. 박사학위는 교수로 이직하는 자격요건이 되었다. 동시에 나는 승진만을 바라보는 경찰 생활에 자괴감을 느끼고 있었다.

'경찰 생명을 연장하려고 승진하려는 거잖아? 경찰을 바꾸고 싶다는 초심은 어디로 갔어?'

물론 경찰학 교수가 된다고 경찰을 바꿀 수는 없다. 하지만 논문이든 칼럼이든, '바꿔야 한다.'라는 말을 할 수 있다. 반면 경찰 간부는 달랐다. 경찰서장이 된다고 해서 내 생각을 자유롭게 말할 수 있는 분위기는 아니었다. 이런 판단이 내가 계속 대학원을 다닐 수 있었던 원동력이었다.

하지만 박사과정까지 다니고 학위를 취득했다고 해서 승진을 포기하지는 못했다. 교수 임용 역시 불확실한 길이었기 때문이다. 박사학위가 있다고 해도 교수로 임용되기란 어렵다는 사실은 잘 알고 있었다. '젊은 실업자'가 될지도 모른다는 공포는 여전했다. 그래서 대학원을 다니는 이유를 경찰 동료들에게 솔직히 말할 수도 없었다.

"계장님, 왜 박사과정까지 다녀요? 무슨 소논문도 발표했다고 신문에 났던데. 교수할 거예요?"

정곡을 찔렸지만 나는 침착하게 만들어 둔 답변을 했다.

"혹시 몰라 다니는 거예요. 총경 달고 그만두게 되면, 느지막이 강의라도 다닐 수 있을까 해서요."

심사승진은 시험승진과는 달리 지휘관의 주관적인 평가가 당락을 크게 좌우한다. 그런데 '황 계장이 승진에 전력을 다하지 않고 다른 길에 관심을 둔다.'라는 소문이 지휘관 귀에까지 들어가면 불이익이 생길 수 있었다. "그 사람은 승진 안 시켜 줘도 되겠네?"라며 불리한 평가를 할 우려가 있었다. '발 없는 말이 천 리 간다.'라는 속담은 대부분 조직에서 통용되는 듯하다. 경찰도 특히 승진을 앞둔 시점에는 약점이 될 만한 소문이 널리 퍼지는 경향이 있었다.

그러던 중, 예상치 못하게 빨리 행운이 찾아왔다. 박사학위를 받고 얼마 지나지 않아 대학에서 임용 예정자 통보를 받은 것이다. 마치 하늘이 '또 다른 길로 가라.'라고 말해 주는 것 같았다. 물론, 새로운 길을 '준비'하며 수년간 학위 과정을 거쳤기에, 대학의 임용 공고라는 '기회'를 만나 '행운'으로 변환시킬 수 있었다. 총경으로 승진할 수 있는 핵심 보직에서 근무 중이었지만, 임용 예정자 통보를 받은 즉시 명예퇴직원을 제출했다. 명예퇴직이 허가되어 결국 총경 계급장을 달고 퇴직하기는 했지만, 그런 것은 하나도 중요하지 않았다. 그 순간, 내가 가야 할 길이 무엇인지 분명해졌다.

승진 또는 퇴직의 벼랑 끝에 서 있다고 느꼈지만, 그 끝에서 문을 두드렸기에 결국 새로운 나를 만날 수 있었다. 포기가 아닌 전환, 끝이 아닌 시작이었다. 미국의 작가 랄프 왈도 에머슨(Ralph Waldo Emerson)은 '결정을 하면 길이 열리고, 세상이 그 길을 돕는다.'라는 뜻을 다음 문장으로 표현했다.

Once you make a decision,
the universe conspires to make it happen.

당신이 결정을 내리면, 우주는 그것이 이루어지도록 모의한다.

지금의 길에서 성취를 이루지 못했다고 삶 전부가 부정되지 않습니다

저는 경찰 조직에서 많은 혜택을 받았습니다. 간부 계급으로 일할 기회를 받았고, 안정적인 보수 덕분에 가정을 꾸리고 생활을 영위했습니다. 또한 승진이라는 열매를 통해, 제가 이룬 성취를 스스로 실감할 수 있었습니다. 하지만 이러한 혜택은 동시에 저를 옥죄기도 했습니다. 특히 경정 승진 이후 따라온 계급 정년의 압박은 세상을 바라보는 제 시야를 극히 좁게 만들었습니다. 경찰서장으로 오르지 못하고 조기 퇴직하면 나는 패배자이며, 그 패배로 날개 없는 추락을 겪게 될 것이라는 두려움이 저를 지배했습니다.

지나고 보니 이 또한 제 삶에 예정된 하나의 과정이었습니다. 밤중에 이유 없이 잠을 깨게 했던 심리적 압박은, 새로운 길을 열기 위해 꼭 필요한 열쇠였습니다. 치열한 고민 끝에 지금의 길이 인생의 전부가 아니라는 결론에 도달했습니다. 제 시선으로 새로운 경로를 탐색했고 발견했습니다. 준비된 상태에서 찾아온 기회는 행운이 되었고, 저는 그 행운을 붙잡아 새로운 길에 올랐습니다.

첫 번째 길에서 성취를 이루지 못했다고 해서, 우리의 삶 전부가 절대로 부정되지 않습니다. 오히려 이루지 못한 경험은 두 번째 길을 어떻게 걸어갈지 스스로 결정할 수 있는 권리를 우리에게 부여해 줍니다.

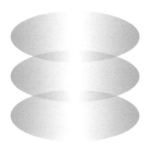

V

길이 분명해진 순간,
망설임은 없었다

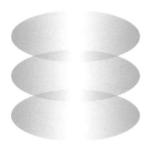

If one advances confidently in the direction of his dreams,
and endeavors to live the life which he has imagined,
he will meet with a success unexpected in common hours.

자기 꿈을 향해 확신을 가지고 나아가고, 스스로 상상한 삶을 살기 위해 노력한다면,
그는 평범한 시간 속에서는 예상치 못했던 성공을 만나게 될 것이다.

미국의 철학자 헨리 데이비드 소로(Henry David Thoreau), 『Walden(월든)』 중

이기적인 선택을
축하받다

<남편의 '이기적인 선택'을 응원하는 아내>

아내가 모 신문사의 '사는 이야기' 난에 시민 기자로 기고했던 기사 제목이다. 이 기사 속 남편은 나이며, 작성 시기는 내가 경찰을 그만두기로 한 직후였다. 내가 생각하는 나는 경찰로 20년 넘게 근무하며 큰 문제 없이 지내왔다. 승진에 얽매여 안쓰러운 삶을 살았지만, 내게 맞는 길을 개척하고 멋지게 이직했다. 그런데 이 기사에서 나를 바라본 아내의 시각은 내 생각과 몇 가지 중요한 차이가 있음을 알게 되었다.

아내가 본 나는 신체적으로도, 정신적으로도 소진이 심했다. 생각해 보니 맞았다. 당시 나는 승진을 할 수 있는 핵심 보직 중 하나를 맡고 있었기에 '조금만 더 달리면 된다.'라며 나를 붙잡고 있었다. 그러나 이미 한계에 다다랐음에도 이를 드러내지 않았다. 아내도 기사에 내가 한 번도 진지하게 힘들다는 말을 하지 않았다고 썼다. 하지만 내가 애써 감추고 있다는 사실은 눈치챘다. 그는 당시 내 감정을 승진에 대한 압박과 불안, 그리고 스트레스로 정의했다.

그런데도 내가 그런 감정을 일부러 외면하고 있다고 진단했다. 그래야 버틸 수 있었을 것으로 추측했다. 아내가 본 나는 새로운 길을 꿈꾸고는 있었지만, 지금의 길을 버리고 다른 길에 올라탈 용기가 부족한 사람이었다. 그 이유를 가장으로서의 책임감 때문이라고 진단했다. 또 주변의 시선을 많이 의식하는 사람이기 때문이라고도 봤다. '지금까지 경찰서장 하겠다고 달린 사람이 갑자기 길을 튼다면 누가 인정하고 누가 응원하겠는가?' 생각한다는 것이었다.

아내는 결국 나서기로 했다. 그때 아내가 한 말을 또렷이 기억한다.

"여보, 하고 싶은 일 있으면 그냥 도전해."

사무실에서 일하다가도 시간이 나면 교수 채용공고 사이트를 쳐다보던 나였다. 매일 채용공고를 들여다보던 내가 아내에게 솔직하게 말할 수 있었던 것도, 그녀의 조용한 개입 덕분이었다.

나는 아내에게 숨기지 않고 경찰학 채용공고를 낸 대학에 지원서를 넣을 수 있었다. 아내는 "잘됐으면 좋겠다."라며 진심으로 응원해 주었다. 다행히 부산의 한 대학에서 나를 '시범강의 및 면접' 3배수 대상자로 선발했다. 발표일로부터 면접일까지는 채 일주일도 남지 않았다. 최종면접 이틀 전부터 아내는 아예 내 옆에 붙어 면접 강사를 자임했다. 예상 질문을 추려내고 본인이 모의 면접관이 되어 실제처럼 묻고 압박했다. 시범강의도 직접 해 보라며 세세히 듣고 고쳐야 할 점을 지적해 주었다. 강의가 재미없다는 지적을 여러 번 받았던 기억이 난다.

이렇게까지 응원하고 도와준 아내 덕에 나는 최종 합격했다. 지금 생각해 보면 평범하지 않은 아내가 곁에 있었기에 새로운 길을 갈 수 있었다. 사실 그는 감정선이 풍부하고 공감 능력이 뛰어났다. 평범한 아내였다면, 내가 "교수 지원해서 되면 경찰 그만둘 거야."라고 했을 때 이렇게 말했을 것이다.

"조금만 고생하면 서장이야. 쓸데없는 데 신경 쏟다가 승진 놓치지 말고 지금 하는 일이나 열심히 해! 당신 세 아이의 아빠란 것 잊지 마!"

아내가 이렇게까지 말하면, 그의 의사를 꺾고 내 고집대로 새로운 길을 탐색한다는 것은 사실 불가능하다. 결혼 전에는 드라마에서 보던 그런 선택이 가능할 줄 알았다. 하지만 실제 결혼생활에서는 중요한 문제에서 아내의 명시적인 반대를 무릅쓰고 '마이 웨이'를 외치는 것이 곧, 결혼 지속 의사가 없다고 해석될 수 있음을 깨달았다. 나는 나를 제대로 이해하는 아내를 만난 행운아였다.

기사를 보니 당시 하나의 일화가 소개되어 있었다. '내가 그랬었지.' 하고 생각났다. 대학의 교수 임용 면접을 보고 결과를 기다리던 며칠 사이에 영상을 본 것으로 기억한다. 배우 허성태의 길거리 강연이었다. 지금은 스타 배우지만 그도 긴 무명 시절이 있었다. '하고 싶은 일을 한다.'라는 기쁨에 그 시절의 어려움을 버텨 냈던 이야기를 잘 표현한 영상이어서 아내가 보여 준 것이었다.

하지만 나는 다른 지점에서 눈물샘이 콸 터졌다. 원래 허성태 배우의 첫 직업은 배우가 아니라, 반듯한 직장인이었다. 그것을 그만두고 보장된 것이 없는 배우를 하겠다고 했을 때, 유일하게 지지해 준 사람이 아내라고 말한 지점에서 터진 것이었다. 내 아내를 그의 아내에 대입하며 고마움에 흘린 눈물이었다.

나는 그간 걸어온 경찰의 길에서 쏟은 노력이 아까워서, 주변 사람들이 이해하지 못할까 봐 이탈할 수 없었다. 경제적으로는 당장 연봉이 확 줄어드니, 또 내 승진을 바랐던 아버지와 장인어른의 지지를 배신하는 것 같아 이탈할 수 없었다.

그러나 결국 나는 하고 싶은 일, 잘할 수 있는 일을 선택했다. 역시 하던 일을 관두고 하고 싶은 일을 과감히 시작한 허성태 배우는 자신의 선택을 '이기적인 선택'으로 표현했다. 나도 이기적인 선택을 한 것이다.

주변 사람들이 이해하지 못할까 봐 새로운 길을 선택하기 어려웠다고 말했다. 이 부분은 언급하고 싶다. 물론 모든 사람이 내 선택을 이해하지는 않았지만, 내가 생각한 것과는 달리 많은 사람이 내 선택을 이해하고 축하해 주었다. 확실히 시대가 변했음을 느꼈다.

내가 경찰을 시작할 당시만 해도 사람들 사이에서는 '평생 직장'의 개념이 뿌리 깊었다. 그래서 나도 경찰을 60세까지

해야 할 평생직장이라고 생각했다. 그러기에 경찰을 중도에 그만두는 일은 없을 것이며, 만약 그만두게 된다면 경로 이탈이자 실패라고 생각했다. 그러나 20년이 흐른 뒤 나는 이직을 경로 이탈이 아니라 새로운 경로 발견으로 받아들였으며, 많은 사람도 그렇게 이해했다.

하고 싶은 일을 하라며 나를 있는 그대로 이해했던 아내 또한, 하고 싶은 일을 하겠다며 열심히 살았다. 그는 14년간 중등 보건교사였다. 그런데, 보건실에만 앉아 있기를 거부해 남들이 등 떠밀지도 않은 도전을 여러 번 했던 특이한 이력의 교사였다. 부장 교사, 교육부 연구사 도전, 교육청 파견, 학교 성교육 순회 강사, TV 출연 등 '보건교사 맞나?' 싶은 일들을 끊임없이 했다.

"이번엔 또 뭘 하려고? 이제 좀 쉬면 안 돼?"

내가 아내에게 자주 했던 말이다. 도대체 저런 호기심과 열정이 어디서 나오나 싶었다. 이렇게 말하면서도, 나는 한 번도 아내의 도전을 막은 적이 없었다.

그런 아내는 내가 대학에 임용되자 망설임 없이 부산으로 내려왔다. 그는 내가 이직하면 가족 모두 데리고 따라가겠다고 선언했고, 바로 그 약속을 지켰다. 부산에 내려온 아내는 돌연 보건교사를 그만두었다. 그리고 박사학위를 취득하겠다며 3년간 부산에서 수도권 대학까지 비행기로, KTX로 열심히 다녔다. 그리고 간호학 박사가 되었다. 얼마 전에는 작가로도 데뷔했다. 자신의 이름이 새겨진 에세이를 출간한 것이다. 사실 아내가 작가가 되는 과정에서 내가 바람을 많이 넣었다.

"여보는 글을 잘 쓰잖아. 그리고 여보 얘기는 아무에게나 나올 수가 없는 얘기야. 빨리 써 봐."

아마 아내는 내가 예상치 못한 또 다른 도전을 할 것이다. 그리고 나는 언제나처럼 그 도전을 응원할 것이다.

미국의 유명 방송인 오프라 윈프리(Oprah Winfrey)가 어려움 속에서도 함께 해 주는 사람의 존재를 강조한 문장이 있다.

Lots of people want to ride with you in the limo,
but what you want is someone who will take the bus
with you when the limo breaks down.

많은 사람들이 리무진을 타고 갈 땐 함께하려 하지만,
진짜 원하는 사람은 리무진이 고장 났을 때 함께 버스를 타줄 사람이다.

이제부터는
내가 나를 정의한다

프롤로그에서 언급했던 2024년의 TEDx○○대학교 강연장으로 돌아간다. 진로 변경을 고민하는 대학생 앞에서 말했던 핵심 키워드 중 하나는 바로 '조언과 훈계의 구분'이었다.

경찰 생활의 마지막, 총경(경찰서장 직위) 승진을 할 수 있는 핵심 보직에서 심각한 소진을 겪으며 하루하루 위태롭게 버티던 그때, 나를 구해 준 것은 아내였다. 아내 외에도 내 삶에 영향을 줄 수 있는 사람들은 당연히 더 있었다. 부모님, 처가 어르신, 동생, 친구, 직장 선배와 동료, 그리고 인연을 맺은 지역 어르신들이었다.

그중 아내 외에 내 마음을 확 터놓은 사람은 없었다. 다만 길을 바꾸고 싶다는 뜻을 조심스레 전달한 사람은 있었다. 이 문제는 한 사람의 인생을 크게 바꿔놓을 일이었기에, 어느 누구도 확실하게 지침을 주지는 못했다. 물론 나도 명확한 지침을 바라지 않았다. 나 외에 결정할 수 있는 사람이 없는 문제였기 때문이다.

내가 총경으로, 그 이상으로 승진할 것이라고 가장 큰 기대를 걸었던 사람은 아버지였다. 아버지는 경찰도, 내 업무도 잘 몰랐지만, 아들에 대해 확고한 믿음을 가지고 있었다. 솔직히 믿음의 근거는 없었던 것 같다. 아버지에게는 차마 직접 내 의중을 말할 용기가 나지 않았다. 그래서 항상 따뜻한 사랑을 주시는 어머니에게 말했다.

"요새 일이 재미없고 힘들어요. 승진해도 나아지지 않을 것 같아요. 만약 교수가 되면 이직할까 해요."

어머니는 내가 힘들다고 토로한 지점에서 마음 아파했다. '이직하고 말고는 네 뜻'이라며 크게 개의치 않았다. 일의 결과를 중시하는 나와 달리 어머니는 과정에서 받을 심리적 고통을 중시했다. 괜히 힘들다고 말했다는 생각이 들었다.

어느 날 어머니가 아버지에게 내 의중을 말해 보았다고 했다. 그랬더니 아버지 반응이 이러했다고 내게 전했다.

"아들이 힘들어한다고 그걸 받아 주면 어쩌냐고 그러더라.

네가 버텨야 한다네."

아버지는 힘들어도 버티고 나아가 끝내 승리하라는 메시지를 주고 싶었던 것 같았다. 어머니는 내게 '아버지가 공감해 주면 좋으련만…'하시며 아쉬워했다.

사위의 승진과 성공을 바랐던 장인어른에게도 내 의중을 전해야 했다. 하지만 차마 말이 떨어지지 않아 한참을 흘려보냈다. 사실 장인어른은 내가 승진할 수 있도록 늘 조언하고 관심을 가져 주셨다. 그래서 더 말해야만 했다. 대학교수 임용에 지원한 이후였다.

"아버님, 더는 안 도와주셔도 됩니다. 제 인생 제가 사는 것 아닙니까?"

그 말을 내뱉고 후회했다. 뒷말 때문이었다. 더는 고생하시지 말라는 메시지는 당연히 전달했어야 했지만, 장인어른의 정색한 반응을 의식해 지레 방패를 들었다. 그것도 예의 없는 말로. '정말 죄송합니다.'

대학교수 채용시험에 최종 합격한 이후 두 분의 반응도 고마웠다. 사실 두 분 다 내가 승진하기를 바랐고 그것이 성공이라 여겼다. 직설적으로 말씀하시지는 않았지만, 경찰서장이 낫다고 생각한 듯하다. 그런데도 두 분은 내가 이직을 결정하자, 깔끔하게 인정하고 축하해 주었다.

"정용이 네가 원했다면 됐다. 잘했다."

"황 서방, 교수도 좋지. 잘 갔다."

어머니와 동생, 장모님도 진심으로 축하해 주었다.

하지만, 직장 동료들의 반응은 엇갈렸다. 같은 계급의 동료, 함께 근무한 실무자들은 대부분 축하했다.

"언제 준비하셨어요? 축하합니다. 그런데 어떻게 준비한 거예요?"

이직을 준비한 과정을 궁금해했고, 새 직장이 내게 잘 맞을 것 같다며 잘 선택했다고 하였다. 반면 나보다 높은 계급에 있는 사람들은 달랐다. 이직하게 되었다는 말에 보인 첫 반응이 축하였던 경우는 드물었다.

"조금만 버티면 경찰서장이잖아. 꼭 나가야 해?"

이런 반응이 주를 이루었다. 대화 마지막까지 축하 인사를 건네지 않은 간부도 있었다. 지역에서 알고 지낸 어르신들 반응도 이와 비슷했다. 한 어르신은 직설적으로 잘못된 선택이라 했다. 그는 며칠 뒤 저녁에 내게 전화를 걸기도 하였다.

술자리에 있는 듯했다.

"서장이 낫지, 교수가 뭐 좋다고? 지금이라도 마음 바꾸고 경찰 남을 수 없어?"

그들이 내게 한 말은 다 조언이었다. 당시에는 '승진 중도 포기'에 대한 당연한 아쉬움이라고만 생각했다. 그러던 어느 날 상당수의 조언이란 것이 본인의 기준에 충실해 이루어졌다는 생각이 들었다. 그들이 살아온 시대적 배경, 그리고 고위직 승진을 지향해 온 경찰 간부들의 삶, 관직을 동경하며 경찰 간부와의 친분을 쌓고 싶어 한 지역 어르신들의 태도가 모두 조언의 강력한 배경이라고 느껴졌다.

'지위가 주는 명예'

이것이 이전 시대가 추구했던 가치였으며, 성공의 기준이었다. 젊을 때 걷기 시작한 길에서 벗어나지 않고 남보다 빠르게 뛰어 올라가면 성공이라고 여겼다. 당연히 중간에 길을 바꾸면 이전에 걸어온 길에서 쌓은 성과는 모두 소멸하는 것이었다. 따라서 길을 바꾸는 것은 한참 늦게, 0에서 시작해야 하는 무의미한 행동이었다. 그들은 이러한 행동을 '이탈'이라 규정했고 '실패'라 불렀다.

나는 TEDx 강연장의 대학생들에게 이 사례를 설명하며 조언을 가려 받아들이라고 주문했다. 이전 시대를 주름잡았던 이상적 신념이 바뀌었음에도, 여전히 그를 고집한 사람들이 하는 조언은 독이 될 수도 있다고 말했다. 그 조언은 구시대적 사고의 강요이자, 권위적 충고이고, 일방적인 삶의 매뉴얼이었다. 결국, 조언이 아닌 훈계였다.

아래 그림은 강연 당시 이 의미를 전달하기 위해 사용한 그림이다.

조언과 훈계 사이

나는 학생들에게 물었다.

"경로 변경이 길에서 위험하게 이탈한 것이었을까요?"

"아니면 막힌 길에서 새로운 길을 발견한 것이었을까요?"

"무엇이 답인지 누가 판단할 수 있을까요?"

그리고 전하고 싶은 메시지를 던졌다.

"새로운 길을 가려 할 때 주변 사람들이 비난할까 두려워하지 않았으면 좋겠습니다. 그들의 기준에서는 '이탈'로 보이는 게 맞으니 굳이 그 생각을 바꾸려 하지 마세요. 살아온 배경을 부정할 수는 없습니다. 사실 부모님 외에는 여러분의 삶에 큰 관심 없습니다. 커피숍의 수많은 대화 소재 중 하나에 불과할 뿐입니다."

그리고 '손실 회피성'을 이야기했다. 이득을 얻을 확률과 손실을 볼 확률이 같다면 손실을 훨씬 크게 받아들이는 성향을 말한다. 이 때문에 새로운 도전은 항상 위험해 보인다고 설명하며 학생들에게 말을 이었다.

"꿈이 있어도 정작 나아가기 전에 주저하는 것은 인간으로서 어쩔 수 없는 현상입니다. 그럼에도 내 마음속의 길이 명확할수록 그 길을 쉽게 걸어가게 해 줄 것입니다."

그리고 마음의 명확함을 이렇게 부연 설명했다. 새로운 길이 사회적으로 추앙받을지, 사람들이 인정할지에 대한 명확함이 아니라, 진정 원하고 행복하게 걸을 길이 맞는지에 대한 명확함이라고 강조하며 말을 이었다.

"진심으로 내게 물어봅시다. '주변 사람들의 시선', '남들이 좋다고 하는 것', 모두 내려놓고 오직 '내가 하고 싶고 할 수 있는 것'을 물어봅시다."

주변 사람들의 시선에서 자유로워지기는 정말 어렵다. 원시시대에는 맹수나 다른 부족으로부터 자신을 보호하기 위해 사람들이 모여 살았고, 지도자의 지시에 따라야 생존할 수 있었다. 농경 사회로 접어든 이후에도 마찬가지였다. 모여서 농사를 짓고, 리더의 지휘 아래 규모를 키워야 살아남을 수 있었다. 우리나라의 경우, 국토가 넓지 않은 데다 70%가 산지로 이루어져 있어 더욱 밀집해 살 수밖에 없었다. 이런 환경 속에서 앞선 세대의 조언은 반드시 따라야 할 지침이 되었다.

4차에 걸친 산업혁명을 경험한 지금도 상황은 크게 달라지지 않았다. 여전히 '바람직한 길'과 '이상적인 직업'을 경쟁 속에 쟁취해야만 모범적인 후손으로 인정받는 분위기가 존재한다. 내가 아는 '나'와 앞선 세대가 아는 '성공한 사람'의 모습이 일치하지 않으면, 나를 그 틀에 맞춰야 한다는 압박을 받는다. 의술로 사람을 살리는 데에서 아무런 행복을 느끼지 못하는 최상위권 학생에게조차 의대를 가라는 부모의 조언이 아직도 만연한 것을 보면, 이러한 사회적 분위기를 부정하기 어렵다.

그럼에도 우리는 그 분위기에 압도되지 말고 나를 돌아봐야 한다. 그리고 '나'라는 장기 말을 내가 원하는 대로 움직여야 한다. 그래야 좌절하더라도 다시 일어날 수 있고, 성취했을 때의 행복도 온전히 느낄 수 있다. 미국의 유명 극작가이자 배우였던 하비 피어스타인(Harvey Fierstein)은 이렇게 말했다.

Accept no one's definition of your life, define yourself.

남이 너를 정의하게 두지 말고, 스스로를 정의하라.

길 찾기,
오늘이 가장 빠른 날

역시 2024년의 TEDx○○대학교 강연장으로 돌아간다. 아직 직장 생활을 경험하지 않은 대학생에게 계급을 내려놓는다는 이야기는 '충분히 공감 가지만 확 와 닿지는 않는 말'이었다. 언젠가는 겪게 되겠지만 당장 고민과는 거리가 먼일이었고, 이는 일종의 '잠재적 공감'에 가까웠다.

그래서 나는 '현재적 공감'을 끌어낼 주제도 준비했다. 내게 강연을 제의한 학생을 통해 듣게 된 친구들의 우려는 바로 '늦은 재출발에 대한 두려움'이었다.

"지금 다른 공부를 시작하면 친구들보다 늦어진다. 그래서 시작하기 두렵다."

충분히 이해되는 대목이었다. 어떻게 말해야 학생들이 진심으로 공감할 수 있을지 고민했다. 강연자 본인의 이야기는 접어둔 채, 모든 것을 아는 제3자가 전지적 시점에서 '이래야 한다.'라고 설교하는 방식은 통하지 않을 것이 뻔했다. '브나로드 운동'도 떠올랐다. '브나로드'는 우리말로 '민중 속으로'라는 뜻이다. 19세기 말 제정 러시아의 지식인들은 농촌으로 들어가 농민 계몽 운동을 벌였다. 하지만 농민은 지식인을 경찰에 고발했다. 지식인이 농민보다 우월한 위치에서 그를 구원한다는 의식으로 접근했기 때문이다. 그들의 시각에서 바라볼 필요가 있었다.

나도 길을 바꿨다. 20년 만이었다. 그동안 경찰서장을 하겠다고 쌓아온 노력이 물거품처럼 사라지는 두려움 말고 또 다른 두려움이 있었다. 교수로 시작하기에 늦은 나이 아닌가 하는 점이었다. 늦게 시작한 만큼 교수로서 자리 잡기도 어렵지 않겠나 하는 고민이 자연스레 따라붙었다. 내가 느낀 두려움을 학생들에게 털어놓고 메시지를 전달하기로 했다.

"제가 교수로 이직을 결심할 때 이미 40대 중반이었습니다. 학사—석사—박사를 쭉 잇고 교수가 되신 분들보다는 10년 또는 그 이상도 늦은 나이입니다. 그런데도 전 이 길을 원해서 왔고, 나름대로 영역을 개척해 가고 있습니다."

원해서 가던 길을 바꾸었다는 말만큼 당시 내 생각을 제대로 표현할 말은 없었다. 그리고 교수가 된 이후 변화된 모습을 풀어 놓았다. 경찰에 있으면서 바꿔야 한다고 생각한 것들을 연구논문으로 썼고, 언론기고도 실었다. 그러자 예상치 못한 기회들이 찾아왔다. '경찰 실무와 조직 생리를 아는 교수가 부산에 있다.' 이미지가 이렇게 형성되면서 신문사, 방송사의 인터뷰 요청이 꾸준하게 들어왔다. 겨우 교수 임용 1년 반만의 일이었다.

"세상은 '누가 그 자리에 오래 있었는가'보다, '누가 지금 쓸만한가'에 훨씬 관심이 많습니다."

경찰 조직 안에서 젊은 경찰을 바라보는 관리자와 기성세대 경찰의 인식에 관해서도 이야기했다. 사실 이 부분은 '남의 시선을 신경 쓰는 젊은이'의 모습을 나타내기에 강연에 담아야 할지 고민했다. 그러나 이상을 떠나 현실로 돌아오면, 진로 고민을 하는 20대 대학생의 처지에서 주변 사람들의 시선은 결코 무시할 수 없었다.

"제가 경찰을 할 때 보니 그랬습니다. 그 길에 이미 자리 잡은 기성세대는 몇 년 더 했다고 능력을 인정하거나 대우하지 않습니다. 그들 눈에는 다 비슷한 신진세대일 뿐입니다."

대학생들은 1년의 차이를 상당히 크게 느낀다. 이는 대학에 임용되고 우리 학생들에게 직접 들은 그들의 생각이었다. 많은 학생이 20대 중반이 되면, 동기, 심지어 후배가 경찰 채용시험에 합격했다는 이야기를 들어야 했다. 그가 학교에 오면 축하해 주고, 웃으며 합격 비법을 알려 달라고 성화였다. 하지만 그가 돌아가면 이내 두려움에 빠졌다.

'또 늦어졌네. 이러다 아예 낙오하는 것은 아닐까?'

이럴 때 나는 신진세대를 바라보는 기성세대의 인식을 말해 주었다. 몇 살인지 물어보는 것은 단순히 사람에 대한 기본적 관심 때문이며, 일종의 '호구 조사' 정도로만 받아들이면 된다고 했다. 30대에 직장에 들어오면 '조금 늦게 들어왔네.'라고 말할 테지만 그 역시 문언 그대로의 의미밖에 없으니, 필요 이상으로 깊게 해석하고 예민하게 반응할 필요 없다고 했다.

심지어 20대 초반에 경찰이 된 친구를 바라보는 주변 친구들과 기성세대 경찰의 인식 차이를 설명하는 데 공을 들였다. 친구들은 젊은 나이에 경찰이 된 친구는 대단하며, 경찰도 그를 뛰어난 인재로 받아들이리라 여겼다. 하지만 현실의 기성 경찰은 그냥 공부를 열심히 해 조금 빨리 들어온 후배일 뿐이라고 보았다. 그가 인정받는 시점은 흘러넘치는 의지와 열정이 눈에 보일 때라고 했다. 나이와는 전혀 상관없었다.

앞서 나가는 듯 보이는 친구들에게 가지는 감정에 대해서도 짚어 준 적이 있다. 합격한 동기, 후배를 질투한 학생은 이후로도 합격 소식을 가져오지 못했다. 하지만 그를 선망한 학생은 합격 소식을 들고 왔다. '질투'의 감정은 그의 역량을 끌어내려 나와 같게 만들고자 한다. 그러니 내가 원하는 결과는 얻을 수 없다. '나를 끌어올려 그와 같은 역량을 가지고자 하는 자양분'은 '질투'가 아닌 '선망'이다.

"기성세대 눈에는 나이 상관없이 의지가 활활 타오르는 사람들이 들어옵니다. 제2의 선택을 한 사람들은 새로운 길을 스스로 원해 찾아온 것입니다. 그런 모습은 이들에게 어울리지요."

이렇게 말하며 강연장의 대학생에게 '선택에 늦은 시기란 없다.'라고 강조했다. 이들은 대학 입학시험에 합격한 이력이 있다. 본인의 노력으로 쉽지 않은 목표를 이뤄본 경험이 있다는 뜻이다. 그 경험이 새로운 길을 탐색하고 결정할 때도 힘이 될 것이라 보았다.

진로를 고민하고 있다는 사실 자체가 현재의 길에서 흥미, 열의, 비전을 갖지 못한다는 의미이다. 그런데 새로운 길이 두려워 어쩔 수 없이 지금 길을 간다는 것은 불행한 일이다. 그 길을 계속 간다고 해서 오늘 같은 고민이 사라질까? 그렇지 않다면 불행은 더 커질 일밖에 없다. 길 찾기, 오늘이 가장 빠른 날이다.

아래는 강연 당시 이 의미를 전달하기 위해 사용한 그림이다.

늦었다고 생각하지 마라. 보드 탄 거북이

너무 두꺼웠던
가면을 벗어 던졌다

2024년의 TEDx○○대학교 강연에서 두 번째 연사는 정신 건강의학과 의사였다. 그의 강연에 깊이 빠졌던 나는 몇 달 뒤 그가 책을 출간한 것을 알고 바로 구매해 읽었다. 『빈틈의 위로』. 책 제목에 등장하는 '빈틈'이라는 단어는 일상적으로 부정적 의미로 쓰이지만, 작가는 이를 긍정적으로 해석하는 듯해 더욱 관심이 갔다.

이 책을 읽으며 나는 20여 년의 경찰 생활을 여러 번 떠올렸다. 특히 '페르소나'라는 단어에 깊이 공감했다. 작가는 페르소나를 자아의 가면, 즉 사회가 요구하는 기대치에 맞춰 보여 주는 모습이라 설명했다. 그는 사회화된 사람이라면 누구나 페르소나를 갖추지만, 한쪽으로만 비대해져 자아를 잠식하는 것이 문제라고 지적했다. 책을 읽으며 나는 경찰 경정 시절로 돌아갔다.

당시 나는 자신도 모르게 사회적 페르소나에 매몰되어 정상적인 삶을 유지하기 어려운 상태였다. 특히 지방경찰청에서 총경 승진을 위해 핵심 보직을 맡고 있을 때는 그 페르소나가 자아를 완전히 잠식한 상태였다. 그때의 페르소나는 '경찰서장 승진할 경찰 간부'였다. 지금 돌이켜보면 헛웃음이 나온다. 내 페르소나는 오직 직업적인 목표만을 반영하고 있었기 때문이다.

나는 단지 경찰 간부가 아니었다. 한 여성의 배우자였고, 세 아이의 아버지였다. 클래식 음악과 트로트 가요를 좋아하는, 다소 독특한 조합의 음악 취향을 가진 중년 남성이었다. 대학 시절 '야구부' 동아리에 들었고, 프로야구 시즌 중에는 경기 하이라이트라도 꼭 챙겨 보는 사람이었다. 하지만 내 페르소나에는 이런 모습이 전혀 포함되지 않았다. 페르소나는 사회적 기대에 따라 형성되지만, 결국 어떤 모습을 보여줄지는 내가 정하는 것이었다.

'경찰서장 승진할 경찰 간부'라는 모습에 맞추기 위해 나는 빈틈을 허용하지 않았다. 업무 특성상 평일, 휴일 가릴 것 없이 24시간 휴대전화를 켜두어야 했다. 어느 영화에서 강력팀장이, 전화를 받지 않는 부하 경찰에게 "공무원이 어디 전화를 안 받아?"라며 화내는 장면이 떠오른다. 언제나 전화를 받을 수 있는 상태를 유지하는 것이 특별한 일은 아니었지만, 당시 나는 그보다 더 강박적인 상태에 있었다.

전화뿐만 아니라 문자, 그리고 '카카오톡'과 같은 메신저 앱을 통한 업무지시도 일상이었다. 상사는 일과 시간 후에 메신저 앱으로 업무를 지시했고, 경찰서 과장, 계장들도 사건이나 직원 사고가 발생하면 메신저 앱으로 보고했다. 메신저 앱의 메시지 수신 여부 확인 기능은 편리했지만, 직장 부하로서는 부담스러웠다. 게다가 내가 맡은 업무는 낮보다 밤에 더 많은 특이사항이 발생했다. 밤늦게 상사의 지시가 내려오면 즉시 확인해 보고해야 했으며, 경찰서에서 특이사항을 보고하면 신속히 대응해야 했다.

이를 위해 나는 씻을 때도 화장실 문 바로 바깥에 휴대전화를 두었고, 잘 때는 침대 머리맡에 놓았다. 당연히 깊은 잠을 잘 수 없었다. 전날 밤 각 경찰서에서 일어난 사건 사고를 정리해 아침 7시 40분, 지방경찰청장에게 대면 보고를 해야 했다. 그래서 기상 시간은 매일 5시였는데, 그나마도 잠을 깊이 못 자는 생활이 계속되면서 피로가 극심해졌다.

언론 또한 부담스러운 존재였다. 나는 내 업무만 챙기면 되는 실무자가 아니었다. 내 업무와 관련된 지방경찰청 관할 안의 경찰 중, 단 한 명만 문제를 일으켜도 언론의 집중취재가 이어졌다. 당시에는 언론 대응도 승진을 목표로 하는 경정의 몫이었다. 연이어 치안총수 경찰청장이 관심을 가질 정도의 언론 대응 두 건을 하게 된 어느 날, 나는 목덜미가 뻐근해지며 어지러움을 느꼈다. 그 순간 겁이 났다.

'이러다 쓰러지면 어떻게 하지? 나는? 가족은? 그리고 승진은?'

빈틈없이 달린 내게 위기가 찾아온 순간이었다. 바로 그때, 아내에게서 문자가 왔다.

"○○이네 유치원에서 코로나 확진자가 둘이나 나왔대. 모두 ○○이와 같은 반이고, 어제도 같이 놀았대. 보건소에서 격리 대상자라고 연락 왔어."

○○이는 막내딸이었다. 당시 경찰청 지침상 가족이 코로

나 19 바이러스 의심자로 격리되면, 당사자도 2주간 출근하지 않고 자택에 머물러야 했다. 업무가 산적해 있었기에 고민됐고, 과장도 쉽게 결정하지 못하고 있었다. 그때 선임 경위가 한마디 했다.

"과장님, 만약 계장님이 이미 감염됐는데도 지침 어기고 안 보내셨다가는 사무실에 전파됩니다. 그때는 큰일 납니다."

그 말 한마디에 과장은 내게 귀가를 명했다. 목덜미를 잡았던 그날 밤, 집으로 돌아간 나는 2주간 휴식을 취했다. 과장과 동료들에게 죄송한 일이었지만, 쓰러질 위기에서 벗어난 것은 분명했다. 그리고 그 시간 동안 스스로 수많은 질문을 던졌다.

"승진하려다 쓰러지면 그동안의 노력을 누가 인정해 줄까?"
"쉼 없이 달려 무엇을 얻었을까?"
"승진해도 이런 부담을 계속 안고 살아야 한다면 무슨 의미가 있을까?"

그러면서 미국의 시인 로버트 프로스트(Robert Frost)가 말한 문장을 떠올렸다.

"By working faithfully 8 hours a day,
you may eventually get to a boss and work 12 hours a day"

하루 8시간씩 성실히 일하면,
언젠가는 사장으로 승진해 하루 12시간씩 일할 수 있을지 모른다.

"그렇다면, 이제 내가 하고 싶은 일을 해야 하지 않을까?"

강제 휴식 기간은 내 삶의 목표를 바꾸는 계기가 되었다. 당시에는 페르소나라는 개념을 이해하지 못했지만, 2주간의 시간을 통해 나의 실제 능력과 원하는 방향에 맞춰 페르소나를 적합하게 조정할 수 있었다. 훗날 아내는 내게 이렇게 말했다.

"○○이가 당신 살려준 은인이야."

나는 비대해진 가면을 쓰고 있었다. 원하는 모습을 드러내면 승진을 향한 의지가 약해질까 봐 점점 더 가면을 두껍게 만들었다. 하지만 휴식 이후 나는 가면의 두께를 덜어내기 시작했다. 여전히 새벽에 일어났고, 24시간 휴대전화를 손에서 놓지 않았지만, 이상하게도 마음은 한결 편안했다.

"승진하지 못해도 괜찮아. 교수 기회가 오면 바로 옮길 거야. 설령 기회를 못 잡고 계급정년에 걸려도 상관없어. 쓰러지는 것보다는 낫잖아."

그리고 한 달 뒤, 나는 대학교수 임용예정자로 최종 선정됐다. 그렇게 빨리 기회를 잡게 될 줄 몰랐다. 대학으로부터 전화 통보를 받은 후 5초 정도 고민했던 것 같다. 그리고 경찰청에 사직 의사를 밝혔다. 오랜 시간 갈망했던 계급과 그를 위해 들인 노력을 망설임 없이 내려놓을 수 있었던 것은 한 달 전, 페르소나를 조정했기 때문이었다.

이후 나는 빈틈을 갖고 살아간다. 다른 조직에 비해 자율성이 확보된 대학의 환경도 한몫했다. 9시부터 6시까지 정해진 근무 시간에 맞추려, 할 일이 없어도 자리를 지키는 일반 조직의 문화와는 달랐다. 총장은 교수들에게 연구와 교육의 자율성을 보장했고, 교수들은 그 안에서 책임을 다했다.

집에서 아들과 함께하는 시간도 많아졌다. 부산으로 이사온 후 나와 아들은 지역 연고 프로야구단 '자이언츠'의 팬이 되었다. 첫 번째 사직 야구장 관람일, 우리는 팀의 실력이 아니라 팬의 응원에 매료되었다. 팬들은 1회부터 9회까지 계속 응원하는 믿기 힘든 체력에, 모든 선수의 응원가와 율동을 외우는 놀라운 기억력, 상대팀 투수의 견제구에 "마!"를 합창하며 그를 놀라게 하는 경이로운 기선 제압까지 선보였다.

이후 우리는 선수 이름과 등 번호가 새겨진 유니폼을 샀고, 여러 번 사직 야구장에서 경기를 직접 관람했다. 비록 작년 자이언츠의 승률은 5할을 밑돌았지만, 우리가 직관한 경기만큼은 100% 승리였다. 올 시즌 초 아들은 친구 아버지의 깊은 배려로, 그의 인솔 아래 친구들과 직관을 다녀왔으며 역시 자이언츠가 승리했다. 그 경기는 팀의 주말 3연전 중 유일한 승리 일이었으니, 이 정도면 아들은 '승요(승리요정)' 아닌가 싶다. 여하튼 이 영향으로 아내도 자연스럽게 자이언츠 팬이 되었다. 참고로 우리 가족 누구도 부산 출신이 아니다.

집에서는 다양한 보드게임도 함께 한다. 아마 중학생이 되면 더는 아빠와 게임을 하자고 하지 않을 테니, 지금은 아들이 원할 때마다 최선을 다해 놀아 주고 있다. 나의 '은인'인 막내딸은 놀아달라는 말을 거의 하지 않는다. 아빠와 함께할 놀이가 마땅치 않은 것 같기도 하다. 애교가 많지도 않아 듣기 좋은 말을 해 주는 법도 없지만, 은근히 아빠에게 말을 걸며 관심을 표현한다. 이런 빈틈이 있어 나는 행복하다.

미국의 배우 겸 작가인 에디 캔터(Eddie Cantor)가 빠른 속도보다는 여유 있는 삶을 살 것을 강조하며 한 말이 있다.

"Slow down and enjoy life.

It's not only the scenery you miss by going too fast

— you also miss the sense of where you are going and why."

속도를 늦추고 삶을 즐겨라. 너무 빨리 가면 풍경만 놓치는 것이 아니다.

당신이 어디로 가고 있는지, 왜 가고 있는지에 대한 감각마저 잃게 된다.

후회하지 않는다,
추억할 뿐

　나는 새로운 길을 찾으며 자연스럽게 경찰로서의 길을 마무리했다. 젊은 20대 청춘 시절부터 20여 년을 걸었던 길이었다. "아쉬움이 없을까?"라는 질문에 "없다."라고 말하면 거짓말일 것이다.

　일이 힘들어 고생하고, 때로는 보이지 않는 곳에서 눈물짓던 직원에게 별다른 도움을 주지 못했다. 스스로 법규를 찾아가며 일하기 어려운 여건을 개선하기 위해 힘썼어야 했지만, 그렇지 못했다. 상사의 지시를 받을 때 정당성을 깊이 고민하기보다 대부분 '좋은 게 좋은 것'이라는 마음가짐으로 따르기만 했다.

　그때는 이런 과정에서 느끼는 감정을 뭐라 정의하지 못했다. 어딘지 모르게 좋지 않은 기분이 들었지만, 굳이 그 감정을 정의하려 하지 않았다. 정의하려는 시도 자체가 무의미한 시간 낭비라고 여겼다. 그 시간에 차라리 승진을 위해 노력하는 것이 옳다고 믿었기 때문이다.

하지만 지금은 그때의 감정을 정의할 수 있다. 바로 '무력함'이었다. 무엇인가 해야 한다는 생각이 마음 한편에 자리 잡고 있었지만, 하지 않을 이유를 찾으며 자신을 합리화하고 위로했다. 그 감정이 바로 '무력함'이었다. 그것이 지나온 길에 대한 아쉬움의 이유였다.

하지만 어떤 이들은 내가 떠난 길에 대해 아쉬움을 가질 이유가 승진의 문턱에서 돌아섰기 때문이라고 추측했다. 경찰의 심사승진은 매년 1월경 발표되는데, 경찰학 교수로 이직한 후에도 나는 매년 언론에 보도된 명단을 확인하며 지인들에게 축하 인사를 전했다. 대학으로 온 후 처음 맞이한 경찰의 심사승진 발표 직후, 경찰서장 직위인 총경으로 승진한 대학 선배에게 전화를 걸었다. 총경은 내가 경찰에 있을 때 승진하고자 했던 계급이다.

"선배님, 승진 축하드립니다!"

"그래. 고맙다! 그런데 너 목소리가 밝네?"

"네? 밝지 않을 이유가 없죠."

"목소리 들으니 잘 적응한 것 같아 좋네."

나는 새로운 직장 생활이 좋다고 했다. 내가 주도적으로 일하고 성과도 스스로 책임지는 환경이 만족스러웠다. 선배는 다행이라며 더는 걱정하지 않아도 되겠다고 했다. 그런데 통화를 마친 후, 문득 내가 걱정하게 할 상황이었는지 의문이 들었다. 그는 혹시라도 내가 이루지 않고 나온 승진이라는 과실을 다른 사람들이 수확하는 모습에 상처받지 않을까 우려한 거였다.

이직 후 대학 동기 중 한 명이 내게 물은 적이 있다.

"너 승진할 때가 다 되어서 왜 나왔냐? 아마 만나는 동기마다 이 질문에 대답해야 할 거다."

"하고 싶은 거 하려고 나왔지. 그런데 이게 그렇게 궁금한 질문이야?"

승진에 대해 아쉬움이 컸다면 경찰의 길을 계속 걸었을 것이다. 그렇지 않았던 내가 옳고, 승진을 목표로 달리는 동기가 옳지 않은 것은 전혀 아니다. 이건 옳고 그름의 문제가 아니라, 목표와 가치의 차이일 뿐이다.

나는 매해 승진자 명단에서 반가운 이름을 발견하면 축하 인사를 전했다. 해를 거듭할수록 총경으로 승진한 지인들이 많아졌고, 동기들 또한 다수 승진했지만, 그때마다 나는 어려운 과정을 거쳐 목표를 이룬 그들을 진심으로 축하했다. 그들의 목표와 가치는 그들이 쏟은 노력에 대한 정당한 보상이기 때문이다.

내가 이루지 못한 승진을 그들이 이뤄가는 모습을 보고 후회해야 할 이유가 있을까? 내 목표와 가치가 그들과 같았다면 진로 변경을 후회하는 것이 자연스러울 것이다. 하지만 목표와 가치가 다르다면, 후회의 감정 또한 들지 않는 것이 자연스럽다. 설마 동기의 말처럼 만나는 동기마다 같은 질문을 하지는 않겠지? 혹시 그렇다면 반복해서 답하기 번거로울 테니, 앞의 대답으로 갈음하겠다. 다행히도, 최근 만난 동기 중 다수는 이 질문을 하지 않았다.

최근 경찰의 심사승진 발표 직후의 일이다. 예전에 내가 근무했던 지방경찰청(현 시도경찰청)의 경정 이하 승진자 명단을 인터넷 포털에서 찾을 수 없었다. 그래서 지방경찰청 계장을 할 때 계원으로 있던 경위(무궁화 한 개)에게 전화해 물었다. 친절하게 승진자를 알려 준 그에게 다시 물었다.

"그런데 ○ 경위는 승진할 때 되지 않았어? 시험 준비했으면 머리도 좋으니 경감 승진시험에 붙을 수 있을 텐데."

"저 공부 안 해요. 가족들과 시간을 많이 가지려고요."

나는 경찰서에서 경사(꽃봉오리 네 개)로 일하던 그의 업무 열정을 높이 평가해 지방경찰청으로 인사발령을 추천한 바 있다. 생각해 보니 그는 나와 같이 일했던 때에도 아내와 두 아들딸에게 많은 신경을 썼다. 업무가 바쁘다고 가족을 소홀히 하지 않았다. 그러면서도 업무능력이 탁월해 경사에서 경위로 심사 승진했다. 반면, 나는 승진 압박 속에서 업무 중심의 생활방식을 유지하며 가족을 깊이 챙기지 못했다. 그런 점에서 그는 배울 점이 많은 사람이었다.

그때도 지금도 그는 대단한 사람이다. 당시에는 일과 가정을 조화롭게 병행할 수 있는 그의 능력이 대단해 보였다. 지금은 승진시험 공부보다 가족과의 시간을 더 소중히 여기는 그의 확신을 높이 평가한다. 목표와 가치는 사람마다 다르기에 어느 것이 옳다고 단정할 수 없지만, 자신의 가치를 분명히 인식하고 흔들림 없이 실천하는 태도는 분명 존경받을 만하다. 실제로 그의 SNS 프로필에는 가족과의 캠핑을 즐기는 사진이 걸려 있다. 돌이켜보면 나와 함께 일할 때도 그의 프로필 사진은 가족과의 일상으로 채워져 있었다.

나는 가족과의 시간을 더 소중히 여기겠다는 그의 말에 자연스럽게 답했다.

"정말 잘 생각했다."

순간 떠오른 솔직한 반응이었다. 만약 예전의 나였다면 이리 대답했을 것이다.

"음. 좋지. 그래도 열심히 공부하면 가족들도 응원해 줄 거야."

통화를 마치고 나서야 왜 그런 대답이 전혀 떠오르지 않았을까 싶었다. 지금의 나는 예전과 확실히 달라져 있었다. 예전과 같은 태도를 유지한다면 나는 가족을 위해 직장에 헌신한 남편과 아빠가 아니라, 가족을 소홀히 한 가장으로만 남을 것이다. 이제 한 가지는 분명해졌다.

지나온 길을 후회하지 않는다. 그저 추억으로 회상할 뿐이다.

교수로서
졸업생에게 배운다

　대학에 와서 가장 흐뭇한 행사를 꼽으라면 졸업식이 아닐까 싶다. 우리 학과는 자체 졸업식을 진행하지 않기 때문에, 졸업생 대부분은 학교 공식 졸업식을 마친 후 가족과 사진을 찍고 돌아간다. 그런데도 나를 찾아오는 졸업생은 학창 시절 나와 어떤 방식으로든 마음을 주고받았고, 그 인연을 이어가고 싶어 하는 학생이다.

　최근 졸업식 날, 나는 본 행사장에 가지 않았다. 공식 행사에 참석하지 않고, 학위복을 입은 채 교정에서 가족과 사진 촬영을 하는 학생이 많기 때문이었다. 혹시라도 나를 찾아오는 졸업생이 문 잠긴 연구실 앞에서 그냥 돌아갈까 봐 내린 선택이었다.

그리고 그 선택은 옳았다. 실제 행사 시간 중에도 나를 찾아온 학생이 있었다. 그는 이미 현직 경찰이었다. 수험기간이 꽤 길었고, 그동안 몇 차례 나를 찾아와 불안함을 토로한 적이 있었다. 자신이 경찰에 어울리는지, 경찰 시험에 합격할 수 있을지, 나이가 많지는 않은지 등 고민의 이유도 다양했다. 그때마다 나는 그에게 기획, 정보 업무가 적성에 맞을 것이라고 이야기했고, 시험은 보이지 않는 하나의 선만 넘으면 붙을 것이며, 나이는 전혀 문제 되지 않는다고 말했다.

여기서 '보이지 않는 하나의 선'은 실력이 아니라 자신감을 의미했다. 학습역량이 일정 수준 이상 오른 학생들은 합격선 근처에서 경쟁자들과 비슷한 점수를 얻는다. 이 중 누가 합격선을 넘느냐는 실력 이상의 자신감이 결정한다. 나는 그 자신감을 되살려 주고 싶었다.

그는 면담을 마친 뒤 한층 밝아진 표정을 짓고 연구실을 나섰다. 그러나 몇 달 뒤, 다시 어두운 얼굴로 같은 고민을 털어놓았고, 나는 또다시 같은 조언을 건넸다. 그렇게 고민과 격려가 반복되던 어느 날, 그는 채용시험 1차인 필기시험에 합격하고 나를 찾아왔다. 오랜만에 큰 산 하나를 넘었다는 사실에 나도 기뻤다. 그는 채용시험 2차의 핵심인 면접을 준비하며 도움을 받고자 했다. 경찰 실무를 잘 모르는 그는 실무적인 경찰 대응과 관련된 질문을 많이 했고, 나는 면접에서 나올 만한 질문을 염두에 두고 성심성의껏 답해 주었다.

그리고 한 달 뒤 최종합격자 발표일, 그는 내게 먼저 연락해 합격 소식을 전했다. 교수님과의 면담을 통해 수험을 계속할 힘을 얻었고, 면접을 대비하며 나눈 대화도 합격에 많은 도움이 되었다고 말했다. 그 순간, 긴 여정을 끝낸 그의 홀가분한 감정이 고스란히 전해졌다. 마치 시원한 바람이 불어오는 강가에 서 있는 듯한 기분이었다. 내가 한 학생의 꿈을 이루는데 이바지했다는 뿌듯함을 온몸으로 느꼈다.

이런 그가 초임 순경으로 막 근무를 시작한 시점에, 대학에서는 졸업하게 되었다. 내게 고마움을 다시 한번 전하고 싶었다는 그는 중앙경찰학교 동기와 함께 나를 찾아왔다. 동행한 동기는 우리 학교 졸업생이 아니어서 초면이었지만, 현직 경찰이라는 말에 나는 더욱 반갑게 맞이했다.

동행한 경찰은 내가 지도했던 졸업생과의 친분으로 축하를 해 주고자 일부러 학교를 찾았다고 했다. 아침 8시 30분, 지구대에서 야간근무를 마치고 곧바로 온 길이라고도 했다.

교대근무 경험이 있는 나는 야간근무 후 퇴근길의 소중함을 잘 알고 있다. 무거운 몸을 1분이라도 빨리 침대에 던지고 싶은 강렬한 욕망을 느껴봤기에, 그 욕망을 이기고 친구의 경사를 함께 축하하러 온 그의 선택에 깊은 경의를 표했다.

그런데 그는 뜻밖의 이야기를 꺼냈다. 경찰이 두 번째 직업이라는 것이었다. 이전에는 용접 관련 일을 했는데, 어느 날 경찰이라는 직업에 관심이 생겨 새로운 길을 선택했다고 했다. 나는 그의 말을 듣고 말했다.

"길을 바꾼다는 것이 말처럼 쉽지 않죠. 얼마나 고민이 많았겠어요? 하던 일을 내려놓고 장기간 채용시험을 준비해야 하는데, 선뜻 결정을 내리기 어려웠을 겁니다."

내 말을 들은 그는 순간 입을 다물지 못했다. 예상했던 대답이 아닌 모양이었다. 대부분 사람이 "잘 선택했다."라는 정도의 대답을 했기 때문인 듯했다. 잠시 후 그는 정말 고민이 많았다고 털어놓았다.

나는 그가 어떤 선택을 했는가보다, 그 선택에 이르는 과정이 궁금했다. 그는 아마도 '손실 회피성' 때문에 고민했을 것이다. 이미 익숙한 기술이 있었고, 그 기술을 통해 무난히 생계를 이어 가고 있었다. 이 모든 것을 버리고 전혀 다른 방식의 준비를 해야 한다는 점은 선택에 분명한 장애 요인이었을 것이다. 하지만 그는 이 고민을 극복하고 경찰 시험에 도전했으며, 중단 없이 그 길을 성공적으로 걸었다. 나는 그 과정이야말로 진정한 용기라 생각했고, 꼭 짚어 격려해 주고 싶었다.

그가 자신의 마음을 돌아보고 과감히 도전한 과정은 내게도 잔잔한 울림을 주었다. 제2의 선택으로 직업을 바꾼 뒤 어느새 관성에 젖어 든 내게도 새로운 자극이 필요한 시점이었다. 그와 만남은 내게도 뜻밖의 선물이 되었다.

졸업식이 끝난 후 연구실 창밖을 보니, 운동장의 푸른 잔디 위에 많은 학생이 가족, 친구와 함께 사진을 찍고 있었다. 나는 그들의 수가 점점 줄어들어 운동장이 비어갈 때까지 연구실을 지키며, 몇 명의 졸업생을 더 만날 수 있었다.

그중 한 학생은 이미 지구대에서 근무한 지 꽤 된 현직 경찰이었다. 그는 수사를 전문적으로 하고 싶어 했고, 졸업 전에도 나를 찾아와 이 고민을 나누기도 했다. 이 과정에서도 내가 주목한 것은 자신감 부여였다. 내가 보기에 그는 직무 수행에서 담대했고, 조직 생활에서도 상사에게 예의 바른 태도를 지녔다. 다만 경찰 경험이 짧아 수사 부서 발령과 관련한 정보가 부족했다. 나는 그가 자신감을 가질 수 있도록 필요한 정보를 채워주려 노력했다.

졸업식 이후, 그가 홀로 연구실에 찾아왔기에 동행한 가족이 없느냐고 물었다. 그러자 그는 어머니와 함께 왔지만, 복도에서 기다리고 계신다고 했다. 나는 어머니를 바로 모시고 오라고 한 뒤 자리를 권했다.

어머니는 첫인상부터 선하고 따뜻한 분처럼 보였다. 그는 딸이 열심히 노력한 끝에 경찰이 되었다며 자랑스러워하셨다. 그때 나는 이렇게 답했다.

"맞죠. 하지만 어머니가 계셨으니까 ○○가 경찰 할 수 있었죠."

반사적으로 나온 말이었다. 경찰대에 합격한 뒤 내가 느낀 감정이 떠올랐기 때문이었다. 수험 준비에만 집중할 수 있도록 먹을 것을 챙겨 주시고, 입을 옷을 세탁해 주시고, 일일이 열거할 수 없는 수많은 도움을 주신 분이 어머니였다. 그 덕분에 나는 온전히 공부에 몰두할 수 있었다.

내 말을 들은 졸업생의 어머니는 쑥스러우신 듯 "○○가 열심히 해서 된 거죠."라고 하셨지만, 내심 어느 정도는 수긍

하시는 듯했다. 그와 만남 또한 내게 어머니에 대한 감사의 마음을 되새겨준 선물이었다.

졸업생과 만남은 일방적으로 그를 격려하는 자리만은 아니다. 외견상 졸업생이 교수를 찾아와 감사 인사를 전하고, 교수는 앞날을 응원하는 듯하지만, 실제로는 서로의 장점을 공유하고 함께 배우는 기회의 장이 된다. 학생은 졸업까지 무사히 학업을 이어왔다는 사실만으로 성실함을 증명한 것이며, 특히 꿈을 이루고 졸업하는 학생은 역량까지 보여 준 것이다. 그리고 그런 학생의 모습은 타성에 젖어 든 교수에게 신선한 자극이 된다.

역시 사람은 서로에게 배운다. 이것이야말로 진정한 선순환이다.

공자(孔子)는 『논어(論語)』에서 사람은 누구에게나 배울 점이 있다며 다음과 같이 강조했다.

"三人行 必有我師焉(삼인행 필유아사언)"
세 사람이 길을 가면, 그중에 반드시 나의 스승이 있다.

세상이 말하는 정답보다 내 심장이 옳았다

나는 내가 선택한 길 위에서
비로소 나다울 수 있다

정신과 의사이자 심리학자 칼 구스타브 융(Carl Gustav Jung)은 다음과 같은 말을 남겼습니다.

I am not what happened to me, I am what I choose to become.

나는 내게 일어난 일로 정의되지 않는다. 나는 내가 선택한 내가 될 뿐이다.

나의 본질이 과거의 실패나 상처로 결정되지 않으며, 내 의지와 선택 즉, 자기 주도적인 삶의 태도가 나를 정의한다는 뜻입니다. 결국, 나는 정해진 상태가 아니고, 지속해서 만들어 가는 과정에 있다는 뜻이기도 합니다.

저는 경찰 생활 초중반에 나다움을 유지했습니다. 하지만 경찰 생활 후반에는 경찰서장 승진 대상자라는 주변 사람들의 시선에 맞춰 살아가려 했고, 나다움을 철저히 잃어버렸습니다. 어느 순간 승진해도 나다움을 찾지 못할 것이라 확신했고, 나를 찾고자 시도했습니다. 그리고 새로운 길이 정해진 순간, 망설임은 없었습니다. 이제는 지금 걷는 길도 최종 경로가 아닐 수 있고, 또 다른 새로운 길이 나타날 수 있음을 받아들입니다. 독자 여러분에게 다음의 메시지를 전합니다.

"나는 내가 선택한 길 위에서 비로소 나다울 수 있다."

다시 돌아온 경로

저는 엄밀히 말해 경찰의 길로 다시 돌아오지는 않았습니다. 하지만 지금의 직장인 대학교 경찰학과는 첫 직장인 경찰에서의 경험과 전문성을 활용할 수 있는 곳입니다. 완전히 새로운 길로 나아간 것은 아니라고도 할 수도 있습니다. 방송 PD로서 오랫동안 저를 알고 지낸 지인이 이런 말을 했습니다.

"네 삶은 사람들에게 재미있지는 않아. 경찰대 나왔다고 하면 공부 좀 했나 보다 싶겠지. 그리고 경찰에서 교수로 갔어. 경찰서장을 못 해봤을 뿐이지 교수도 좋잖아. 사람들은 자기보다 조금 부족한 사람이 드라마틱하게 다른 일을 하면서 성공하는 이야기를 좋아해."

서로의 직업적 안부를 묻다가 방송 이야기가 화두가 되자,

그가 한 이야기였습니다. 그는 유명인이 아닌 일반인의 소소한 이야기를 담아내는 프로그램을 많이 제작했었습니다. 그의 말에 동감합니다. 제 삶이 방송 소재가 될 만큼 극적이지는 않기 때문입니다.

하지만, 저는 사회적 가면을 벗고, 내면이 반응한 길을 향해 발을 내디뎠습니다. 그리고 마음의 충만함을 얻었습니다. 길 찾기는 빠를수록 좋습니다. 그리고 그 선택이 옳았음을 확신합니다. 같은 고민을 하는 이들에게 작은 용기가 되었기를 바랍니다.

대학교수의 여러 업무 중에서 가장 중요한 일은 학생을 가르치는 것입니다. 저는 대학에서 보직을 맡고 승진하는 데에는 전혀 관심이 없습니다. 계급만을 좇으며 주변을 돌아보지 못했던 과거의 삶이 이제는 불편하게 느껴지기 때문입니다. 제가 진정으로 행복을 느끼는 순간은 강의 시간입니다. 그리고 그 행복을 학생들과 공유하는 가장 기본적인 방법은 전공 강의를 통해 지식을 최대한 잘 전달하는 것입니다. 경찰 채용시험 합격을 지상 과제로 삼고 있는 경찰학과 학생들에게 이것이 가장 필요해 보였습니다.

하지만 단순한 지식 전달만이 제 역할이라고 생각하지 않았습니다. 학생들도 한 명의 젊은이로서 많은 고민을 안고 있었기 때문입니다. 그래서 면담을 통해, 때로는 수업 도중에, 그리고 비교과 프로그램 시간을 활용해 전공과 무관한 인생 이야기도 나누었습니다. 면담한 학생들 사이에서 추천이 돌았는지, 지도 학생이 아닌데도 찾아오는 경우가 많았습니다. 학생들의 강의 평가도 우수했습니다. 이는 단순한 전공지식 전달이 아니라, 조직의 문화를 제 경험과 이야기로 풀어 그들이 받아들일 수 있게 설명했기 때문이라고 생각합니다.

그러나 그것으로는 부족하다고 느껴 2년 전에 책을 한 권 출간했습니다. 서점가에서는 '자기계발서'로 분류했는데, 돌이켜보니 아쉬웠던 점이 있었습니다. 경찰학과 교수로서 경찰을 꿈꾸는 학생, 채용 준비생, 신임 경찰들에게 마치 전지적 시점에서 조언하는 듯한 내용이 아니었나 싶어서였습니다.

그래서 이번 책은 저를 내려놓고 썼습니다. 강의 시간에 제 경험을 풀어 좋은 평가를 받았던 기억을 떠올렸습니다. 하지만 강의 때는 제가 괜찮은 사람으로 보일 만한 이야기만 했습니다. 이번 글에서는 저를 포장하기보다, 제 장단점을 솔직하게 담았습니다. 반성하는 이야기도 많았습니다. 저에 대한 해석은 독자의 몫으로 남겨두기로 했습니다.

제 이야기가 독자분들에게 '반면교사(反面敎師)'가 되었기를 바랍니다. 승진을 무시하고 살 수 없는 수많은 직장인과 경찰관에게 제 이야기는 '이렇게 삶을 바라보면 안 된다.'라는 교훈을 주는 사례가 되었을 것입니다.

동시에 '타산지석(他山之石)'이 되었기를 바랍니다. 진정으로 하고 싶은 일을 찾아 떠나기로 했고, 이전에 하던 일에 들인 공과 노력에 연연하지 않는 모습은 저와 비슷한 고민을 하는 학생, 직장인, 경찰관 모두에게 '변화를 위한 하나의 계기'가 되었을 것입니다.

누구나 남들은 모르는 자기만의 고민을 가지고 있지만, 이를 털어놓을 대상은 마땅치 않습니다. 생각보다 내 성취를 진심으로 축하해 주는 사람도 많지 않습니다. '사촌이 땅을 사면 배가 아프다.'라는 우리 속담을 뒤집어 보면 '아무 인연도 없는 사람이 땅을 사면 축하해 줄 수 있다.'가 됩니다.

이런 세상에서 저와 아무 인연도 없는 사람들이, 딱히 고민을 털어놓을 대상이 없는 사람들이 이 책을 통해 나만의 메시지를 얻었다 하시면 참 좋겠습니다. 홀로 끙끙거리며 앓다가 어떤 변화도 시도하지 못한 채 관성에 의한 삶을 사는 모습은 안타깝습니다. 저 역시 그런 삶을 살았고, 지금도 어느 정도 관성에 의지하고는 있습니다.

'변화'라는 말은 듣기에는 멋있지만, 막상 내 삶에 적용하려면 거추장스러운 액세서리(accessory)를 차는 느낌이 들기 때문입니다. 그런데도, 이 책이 작은 변화를 시도하고, 그 변화가 옳았다고 확신하기 위해 노력한 사람의 이야기로 읽혔다면, 그래서 독자분에게 작은 울림이라도 되었다면 본래의 의도를 다 한 것입니다.

미래를 바라본 경영학자 피터 드러커(Peter Drucker)의 말로 끝을 맺습니다.

The best way to predict the future is to create it.
미래를 예측하는 가장 좋은 방법은 그것을 창조하는 것이다.

세상이 말하는 정답보다 내 심장이 옳았다